Fotoshows erstellen mit MAGIX

PHOTO STORY
DELUXE

D1694938

Impressum

Die vorliegende Dokumentation ist urheberrechtlich geschützt.

Alle Rechte, insbesondere das Recht der Vervielfältigung und Verbreitung sowie der Übersetzung, bleiben vorbehalten.

Kein Teil dieser Publikation darf ohne schriftliche Genehmigung des Urheberrechtsinhabers in irgendeiner Form durch Fotokopie, Mikrofilm oder andere Verfahren reproduziert oder in eine für Maschinen, insbesondere Datenverarbeitungsanlagen, verwendbare Sprache übertragen werden.

Sämtliche Wiedergaberechte bleiben vorbehalten. Irrtum und inhaltliche Änderungen sowie Programmänderungen vorbehalten.

Liebe Leserin, lieber Leser

Willkommen in der Welt der bewegten und klingenden Bildergeschichten! Denn nichts anderes sind Photostories: Filmversionen Ihrer schönsten Schnappschüsse, die Ihr Publikum mit einem multimedialen Mehrwert, Spannung und Erlebnis versorgen, den kein Durchblättern eines noch so gelungenen Fotoalbums erreichen kann.

Dieses Buch richtet sich sowohl an Hobbyfotografen, die eine neue Verwendung ihrer Bildersammlung suchen, als auch an versierte Photostoryteller und Fotoshowmaster, die MAGIX Photostory Deluxe bereits kennen, schätzen und nun alle Feinheiten, Tipps und Tricks im Detail erleben wollen.

MAGIX Photostory Deluxe heißt die aktuelle Version einer Softwarereihe, die in verschiedenen Verisonen erhältlich ist (zum Beispiel MAGIX Photostory Deluxe, MAGIX Photostory Traveler Edition, MAGIX Photostory Premium VR) und auch unter dem Namen MAGIX Fotos auf DVD bekannt ist. Unser Buch eignet sich für sämtliche Versionen.

Sie können sofort anfangen – es werden keinerlei Vorkenntnisse vorausgesetzt. Alles, was Sie mitbringen müssen, sind Ihre Fotos, einen PC oder Laptop und natürlich MAGIX Photostory Deluxe oder eine Vorgängerversion dieser Software.

Ein Wort zur Terminologie: In diesem Buch verwenden wir den Begriff "Photostory", weil dieses Wort auch im aktuellen Programm benutzt wird. Im deutschen Sprachraum sind dafür auch die Begriffe "Fotoshow" oder "Diashow" gängig. Gemeint ist dasselbe.

Und nun wünschen wir Ihnen viel Spaß mit Ihren Photostories!

Ihre Autoren.

Inhaltsverzeichnis

Installation und Registrierung

Vor allem Wirken steht wie immer die Programminstallation. Hier erfahren Sie alles Nötige dazu. Wenn Sie das Programm schon installiert haben, können Sie dieses Kapitel auch überspringen.

▶ Legen Sie zunächst die MAGIX Photostory Deluxe-Programm-DVD in das Laufwerk Ihres Computers. Bei aktivierter Autostart-Funktion sehen Sie folgenden Bildschirm:

Die schönsten Geschichten beginnen mit Ihren Fotos.

Hinweis: Sollte dieser Bildschirm nicht automatisch erscheinen, wählen Sie über den Datei-Explorer Ihres Computers das DVD-Laufwerk aus (meistens D:) und doppelklicken Sie auf die Datei „start.exe".

▸ Wählen Sie unter **PROGRAMM INSTALLIEREN** MAGIX Photostory Deluxe aus.

Nun öffnet sich der Begrüßungsbildschirm des Installationsprogramms.

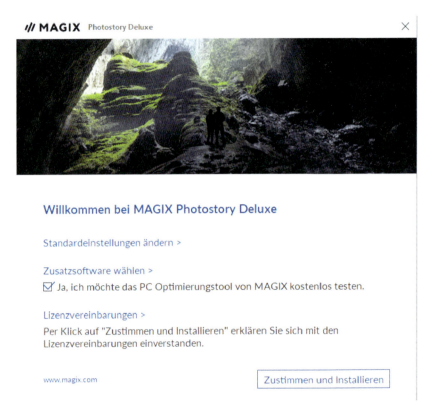

Hinweis: Falls Sie die Version zum Herunterladen von MAGIX Photostory Deluxe erworben haben, doppelklicken Sie auf die bereitgestellte Exe-Datei. Sie gelangen dann direkt zum Begrüßungsbildschirm.

▸ Lesen Sie sich im Zweifelsfall zunächst die **LIZENZVEREINBARUNGEN** durch und klicken Sie dann auf **ZUSTIMMEN UND INSTALLIEREN**.

MAGIX Photostory Deluxe wird installiert

Aufgabe 2 von 2: Installieren von MAGIX Photostory Deluxe

www.magix.com

▸ Nun erscheint der Installationsbildschirm mit einem Fortschrittsbalken. Am Ende der Installation wird ein weiterer Installationsdialog eingeblendet.

▶ Aktivieren Sie die Option MAGIX PHOTOSTORY DELUXE JETZT STARTEN und klicken Sie auf LOS GEHT'S.

Sobald die Installation abgeschlossen wurde, startet MAGIX Photostory Deluxe mit diesem Dialog:

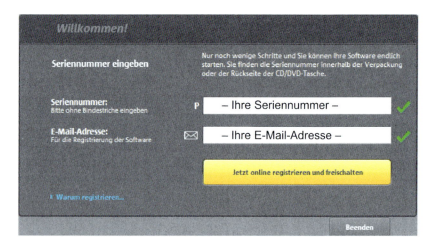

▸ Geben Sie hier die Seriennummer, die Sie entweder innerhalb der Produktverpackung oder (bei der E-Version) in der Kauf-E-Mail finden, und eine gültige E-Mail-Adresse ein.

▸ Klicken Sie dann auf **JETZT ONLINE REGISTRIEREN UND FREISCHALTEN.**

Wenn Sie bereits registrierter Kunde sind, erhalten Sie eine kurze Info, dass Sie das Produkt erfolgreich registriert haben, und los geht's. Wenn Sie ein Neukunde sind, gelangen Sie ins **MAGIX SERVICE CENTER**.

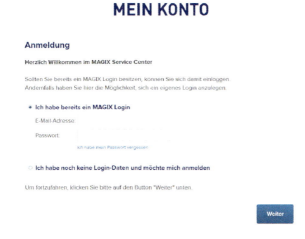

Unter **ICH HABE NOCH KEINE LOGIN-DATEN UND MÖCHTE MICH ANMELDEN** können Sie sich neu bei MAGIX registrieren.

▸ Klicken Sie auf **WEITER** und folgen Sie den weiteren Anweisungen auf dem Bildschirm.

Sobald die Registrierung abgeschlossen ist, können Sie MAGIX Photostory Deluxe uneingeschränkt nutzen.

Los geht's!
Die ersten Schritte

Dieses Kapitel zeigt Ihnen, was Sie in MAGIX Photostory Deluxe und diesem Buch so alles erwartet.

Es richtet sich in erster Linie an Neueinsteiger; Profis können dieses Kapitel überspringen und direkt zu dem Thema blättern, das sie am meisten interessiert.

Aber allen, die sich erstmal grundsätzlich einen Überblick verschaffen wollen, worum es geht, sei die folgende Einführung ans Herz gelegt.

Photostories machen – wozu eigentlich?

Herzlichen Glückwunsch: Ab jetzt machen Sie mit Ihrer Kamera also nicht mehr nur tolle Fotos, sondern großartige Photostories!

Aber was ist das überhaupt: eine Photostory?

Eine Photostory ist in gewisser Weise die Königsdisziplin der Bilderpräsentation. Die besten Fotos werden am PC ausgesucht, falls nötig verbessert und zu einer bewegten und bewegenden Multimedia-Show zusammengestellt, die Bilder, Überblendungen, Bewegungseffekte, O-Töne, Titel, Geräusche, Sprecherkommentare und Musik miteinander verbindet.

Eine Photostory ist also viel mehr als „nur" das digitale Durchblättern von Fotos am PC. Sie werden zum Regisseur, Sie bringen Ihre Bilder zum Laufen. Und wer weiß – vielleicht sind es ja bald nicht mehr nur die Fotos, sondern in erster Linie das, was daraus werden kann: tolle Photostories, die Sie dazu motivieren, Ihre Kamera überallhin mitzunehmen?

Photostories kann man aus tausenderlei Gründen und zu genauso vielen Zwecken machen. Viele davon wollen wir Ihnen im Folgenden nahebringen. Am Ende dieses Buches haben Sie vielleicht Ihre eigene Antwort, wozu Sie persönlich Ihre Photostory machen wollen. Und wenn nicht, finden Sie dort eine ganze Reihe von guten Gründen (siehe Seite 364).

Rundgang durch das Buch

Dieses Buch ist als eine Reihe von Workshops angelegt, die aufeinander aufbauen, die man aber auch gut einzeln lesen kann.

Am Anfang steht der Import (siehe Seite 27). Wie bekommt man seine Bilder in die Show? Die verschiedenen Möglichkeiten werden der Reihe nach vorgestellt.

Dabei werden auch die elementaren Schritte gezeigt, die man bei jeder Photostory gehen muss: wie man Bilder arrangiert, wie man das Abspielverhalten steuert und welche Tricks es gibt, um aus den Bildern eine gute Bilderfolge zu machen. Denn die gelungene Auswahl und Anordnung bildet das wichtigste Fundament jeder guten Photostory.

Anschließend wird es etwas technisch. Auch Photostories wollen verwaltet werden, andernfalls verliert man schnell den Überblick. Im zweiten Kapitel (siehe Seite 51) werden deshalb alle wichtigen Aspekte der Dateiverwaltung vorgestellt, die man lieber rechtzeitig kennenlernen sollte, bevor das Chaos Gelegenheit bekommt, sich auszubreiten.

In den darauffolgenden Kapiteln werden die Programmfunktionen besprochen, mit denen man seine Bilderserie zu einer spektakulären Photostory inszenieren kann. Wir lernen zunächst den Einsatz von Bildübergängen (siehe Seite 73) kennen, dann ergänzende Titel und Texte (siehe Seite 81) und die vielfältigen Effekte (siehe Seite 103), mit denen Sie Ihren Bildern Beine machen.

Daran anschließend peppen wir unsere Photostory mit den mitgelieferten Vorlagen weiter auf (siehe Seite 181). Hier zeigen wir Ihnen auch, wie Sie Zusatzmodule im integrierten Store erwerben und nutzen.

Auch die Tonspur wird nicht vergessen: Im anschließenden Kapitel erklären wir alles zu O-Tönen, Sprecherkommentaren und Hintergrundmusik (siehe Seite 204).

Im Anschluss werden einige Spezialfunktionen vorgestellt, für besondere Anwendungsfälle oder um die Arbeitsweise zu vereinfachen (siehe Seite 235).

Und zum Schluss, wenn alles schön aussieht und gut klingt, ergeben sich letzte Fragen. Was ist der Sinn der Photostory? Was kann man damit machen? Wie präsentiert man sie am Computer (siehe Seite 297)? Wie brennt man sie auf eine DVD oder Blu-ray Disc (siehe Seite 313)? Welche Möglichkeiten gibt es, das Auswahlmenü oder das Cover zu gestalten?

Nach dem Schluss geht es noch weiter, und zwar mit einem Kapitel voller Tipps & Tricks zur Digitalfotografie (siehe Seite 339). Denn je besser die Fotos am Anfang geknipst wurden, desto besser wird am Ende auch die Photostory. Wir entlassen Sie mit Vorschlägen und Anregungen, wie Sie noch schönere Fotos und Photostories machen können.

Soweit zu diesem Buch. Und nun zum Programm.

Rundgang durch das Programm

Bevor es mit der Photostory Ernst wird, zeigen wir Ihnen, was Sie in MAGIX
Photostory Deluxe so alles erwartet.

▶ Öffnen Sie das Programm, indem Sie auf das Symbol auf Ihrem Desktop
doppelklicken oder das Programm aus der Windows-Programmgruppe
auswählen.

Nun werden Sie von einem Startdialog empfangen. Weil wir uns vorab einen ersten
kurzen Eindruck verschaffen wollen, ignorieren wir die anderen Angebote erstmal
und erstellen direkt ein neues Projekt.

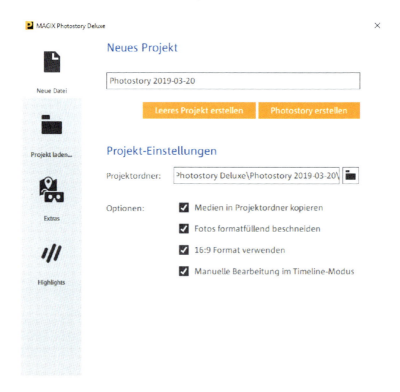

▶ Klicken Sie auf **LEERES PROJEKT ERSTELLEN**.

Nun erreichen Sie die Hauptoberfläche von MAGIX Photostory Deluxe: die
Oberfläche **PHOTOSTORY**.

Oberfläche „Photostory"

In der Oberfläche PHOTOSTORY stellen Sie Ihre Projekte zusammen.

Oben sehen Sie die Menüleiste von MAGIX Photostory Deluxe.

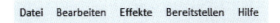

Wenn in diesem Buch von einem „Menü" die Rede ist, sind normalerweise die Schaltflächen dieser Leiste gemeint. Es gibt außerdem noch ein paar andere Menüs, die sich unter bestimmten Schaltflächen verbergen, und natürlich das Kontextmenü, das sich mit der rechten Maustaste aufklappen lässt. Dazu später mehr.

Darunter sehen Sie den derzeit noch schwarzen Videomonitor samt
Transportkontrolle:

Hier finden Sie die wichtigsten Abspielfunktionen: Audioaufnahme, Rücklauf, zurück
an den Anfang, Stopp, Abspielen und Vorlauf. Diese Schaltflächen erfüllen genau die
Funktion, die Sie von ihnen erwarten. Rechts daneben finden Sie außerdem eine FX-
Schaltfläche, mit der Sie in die Vollbildansicht schalten (siehe Seite 103).

Neben dem Videomonitor befindet sich der Media Pool.

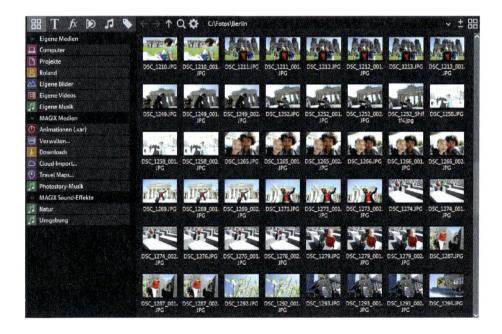

Über die sechs Schaltflächen links oben am Media Pool importieren Sie Medien von Ihrem PC oder von Wechseldatenträgern und fügen Titel, Effekte, Vorlagen und Hintergrundmusik ein. Die sechste Schaltfläche steuert den MAGIX-Store mit käuflich erwerbbaren Songkollektionen an.

Wir werden dies alles im weiteren Verlauf näher kennenlernen; an dieser Stelle genügt ein erster kurzer Blick.

Unter dem Media Pool befindet sich der Arranger.

Auf dem Arranger arrangieren Sie alle Bestandteile Ihrer aktuellen Photostory: Fotos, Videos, Blenden, Effekte, Musik, Sprecherkommentare...

Die oben abgebildete Ansicht zeigt den TIMELINE MODUS. Hier werden mehrere Spuren dargestellt, auf denen die Fotos, aber auch Videos, Musik oder Titel arrangiert werden. Diese Ansicht bietet am meisten Bearbeitungsmöglichkeiten.

Der Arranger hat auch noch einen zweiten Modus, die Sie über die Schaltfläche „Storyboard" rechts erreichen.

Im STORYBOARD-MODUS werden die Fotos der Reihe nach mit einem Vorschaubild angezeigt. Er bietet die Grundfunktionen für die wichtigsten Arbeiten: Bilder laden, arrangieren, mit Blenden und Effekten belegen und betiteln.

Mit dem Zoomregler können Sie in beiden Modi die Ansicht verkleinern, um die Übersicht zu behalten, was bei sehr vielen Fotos praktisch ist.

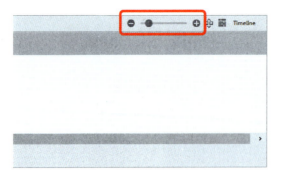

Über die Schaltflächen ganz oben rechts wechseln Sie zwischen der **PHOTOSTORY**-und der **BRENNEN**-Oberfläche (s.u.).

Die dritte Schaltfläche **AUSGEBEN** öffnet einen Dialog mit **AUSGABEOPTIONEN**.

Dieser Dialog wird hinten im Kapitel zur Videoausgabe (siehe Seite 297) ausführlich vorgestellt.

Oberfläche „Brennen"

▸ Klicken Sie rechts oben auf die Schaltfläche BRENNEN.

In der Oberfläche BRENNEN konfigurieren Sie Ihr DVD-Menü und brennen Ihr Projekt auf eine Disc. Das heißt, diese Oberfläche kommt erst dann zum Einsatz, wenn Sie die Photostories fertiggestellt haben.

In der Mitte sehen Sie eine Vorschau des Disc-Menüs. Dieses Menü erscheint später am Fernseher, wenn Sie die gebrannte Disc in einen Player legen.

Unten befindet sich eine Leiste mit verschiedenen Menü-Vorlagen. Links sehen Sie eine Fernbedienung, mit der Sie das Verhalten der späteren Disc simulieren können.

Diese Oberfläche ist ganz auf die Verwendung eines fertiggestellten Projekts ausgerichtet. Wir werden sie später näher kennenlernen (siehe Seite 313).

Aber nun schließen wir MAGIX Photostory Deluxe und damit unser Kennenlern-Projekt wieder und fangen noch einmal ganz von vorne an.

▸ Klicken Sie ganz rechts oben auf das Kreuzchen.

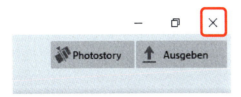

Drei grundsätzliche Begriffe

Bei MAGIX Photostory Deluxe gibt es drei Begriffe, deren Unterschiede Sie kennen sollten, damit das Arbeiten so einfach wie möglich wird. Die drei Begriffe werden in diesem Buch immer wieder auftauchen und im Laufe der Lektüre hoffentlich auch immer klarer werden.

Das große Ganze: „Projekt"

In MAGIX Photostory Deluxe arbeiten Sie mit „Projekten". Bereits wenn Sie das Programm starten, wird ein neues Projekt angelegt oder ein vorhandenes Projekt geöffnet. Ohne Projekt geht gar nichts. Was aber ist ein Projekt genau?

Das Projekt ist die oberste Einheit in MAGIX Photostory Deluxe. Ein Projekt kann mehrere Photostories umfassen, enthält aber immer mindestens eine. Außerdem enthält es ein Auswahlmenü, das beim Brennen einer Disc zum Einsatz kommt.

Projekte werden als MPH-Dateien gespeichert. Diese Dateien sind in der Regel sehr klein. Sie sollten sie nach dem Fertigstellen eines Projekts nicht löschen, damit Sie im Nachhinein das Projekt aktualisieren können, ohne von vorne anfangen zu müssen.

Das Wichtigste: „Photostory"

Eine „Photostory" ist das, worum es hier geht, und deshalb ist sie auch das Wichtigste. Sie wird auch „Diashow" oder „Fotoshow" genannt – gemeint ist dasselbe. Eine Photostory erzählt eine Geschichte in Bildern; sie enthält in erster Linie Fotos, die Sie zu einem bestimmten Thema auswählen und zusammenstellen. Außerdem kann sie aber auch jede Menge anderer Medien enthalten, z. B. Videos, Musik, Sprecherkommentare oder Texte und Titel. Deshalb handelt es sich eigentlich um eine multimediale Show.

Welche Fotos Sie auswählen und wie Sie die Fotos zu Photostories zusammenstellen, ist allein Ihre Sache – hier gibt es keine ehernen Gesetze. Das hängt natürlich auch von den Fotos ab, die Sie zur Verfügung haben. Eine Photostory könnte z. B. von Ihrem letzten Urlaub in Berlin handeln. Wenn Sie sowieso nur 30 Fotos im ganzen Urlaub gemacht haben, liegt es nahe, alle Fotos in einer einzigen Photostory zusammenzustellen, die dann eben die Geschichte Ihres Berlin-Kurzurlaubs erzählt. Bei wesentlich mehr Fotos ist es ratsam, mehrere Photostories anzulegen, um sie in einem gemeinsamen Projekt namens „Berlin-Urlaub" zu bündeln. In diesem Fall enthält das Projekt also mehrere Photostories, die zum Beispiel von den Stationen Ihrer Reise – Brandenburger Tor, Reichstag, Potsdamer Platz – erzählen.

Die einzelnen Photostories werden automatisch gespeichert, wenn Sie die übergeordnete Projektdatei speichern. Man kann sie aber auch separat abspeichern,

z. B. um sie in andere Projekte zu übertragen. Photostory-Dateien haben die Dateiendung: *.MVM.

In der Photostory-Datei werden nur Bearbeitungsschritte und Dateipfade gespeichert, nicht aber die enthaltenen Medien. Daher sind sie wie die Projekt-Dateien sehr klein. Wenn Sie später die Originaldateien aus dem Verzeichnis löschen, kann die Photostory nicht mehr geladen werden. Daher empfiehlt es sich, am Ende der Projektbearbeitung alle benötigten Medien in ein gemeinsames Projektverzeichnis zu kopieren (siehe Seite 309).

Egal wie Sie Ihre Photostories bearbeiten – die Originalfotos bleiben immer erhalten. Diese Arbeitsweise nennt man „nicht-destruktiv". Sie können so viele Effekte auf ein Foto legen wie Sie möchten – Ihre Fotodatei auf der Festplatte bleibt davon vollkommen unberührt.

Das Bestandteil: „Objekt"

Neben Fotos enthält eine Photostory Hintergrundmusik, Titel, Überblendungen, Sprecherkommentare, Effekte, manchmal auch Videos. Weil sie so viele verschiedenartige Dinge – Bild, Ton, Text – miteinander kombiniert, sprechen wir nicht von Fotos, sondern allgemeiner: von „Objekten". Photostories enthalten also Objekte, die Sie in MAGIX Photostory Deluxe zusammenstellen, arrangieren und bearbeiten.

Zusammengefasst lässt sich sagen: Objekte bevölkern Photostories; Photostories bevölkern Projekte. Eigentlich ganz einfach. Und mehr gibt es vorab auch nicht zu sagen.

„Berlin" – ein Projekt entsteht

Während eines Besuchs in der deutschen Hauptstadt haben wir Fotos gemacht, die wir in mehreren Photostories präsentieren wollen. Aber keine Angst: Sie müssen jetzt nicht auch nach Berlin reisen und fotografieren. Die Aufnahmen, die wir verwenden, können Sie mit beliebigen anderen Bildern und Themen nachstellen und sollen hier nur als Beispiel und Anregung dienen.

MAGIX Photostory Deluxe öffnet bei jedem Programmstart den Startdialog, den Sie oben schon kurz kennengelernt haben.

Die Option PHOTOSTORY ERSTELLEN öffnet einen Assistenten, der Sie besonders schnell zu einer eigenen Photostory führt. Diesen Assistenten stellen wir später in einem gesonderten Kapitel ausführlich vor (siehe Seite 235).

Wenn Sie sich etwas mehr Mühe geben wollen, benutzen Sie anstelle des Assistenten die Hauptoberfläche.

▶ Wir geben als Projektname „Berlin" ein und klicken auf **LEERES PROJEKT ERSTELLEN**.

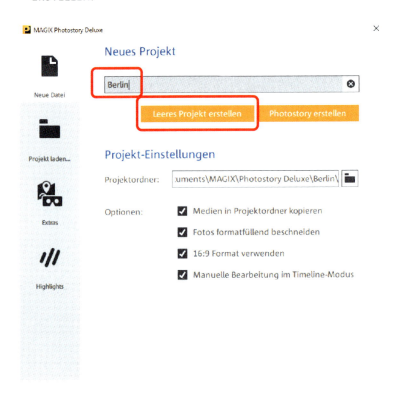

Datei-Import und Basisfunktionen: Bilder zum Laufen bringen

Sie kennen das: Mit großen Speicherkarten und riesigen Festplatten hebt man jedes Bild auf, das im Urlaub geschossen wurde. Weitere Fotos erhält man von mitreisenden Freunden oder Bekannten und dann findet man auch noch den einen oder anderen Schnappschuss im Internet. Und alldas soll mit in die Photostory.

Im Folgenden geht es deshalb um die verschiedenen Möglichkeiten des Imports. Wie lädt man Digitalbilder aus einem bestimmten Verzeichnis in die Photostory? Wie holt man weitere Bilder direkt aus der Kamera? Wie scannt man Fotos oder andere Materialien ein? Wie integriert man Videos?

Danach werden die elementaren Funktionen behandelt, die unmittelbar nach dem Bildimport anstehen: Bilder anordnen, Bilder abspielen, Bilder richtig herumdrehen – und überhaupt: Wie arrangiere ich meine Bilder zu einer spannenden Photostory?

Bilder aus einem Verzeichnis auf der Festplatte laden

In den meisten Fällen werden Sie Ihre Bilder bereits irgendwo auf der Festplatte abgespeichert haben. Dann können Sie im Media Pool das Verzeichnis direkt ansteuern.

▸ Klicken Sie auf COMPUTER, um zunächst die Arbeitsplatzansicht Ihres PCs anzuzeigen.

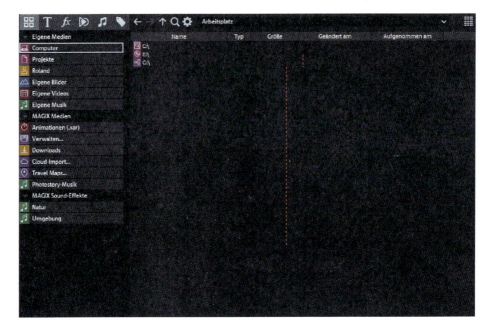

▸ Navigieren Sie per Doppelklick zu dem Verzeichnis, das Ihre Bilder enthält.

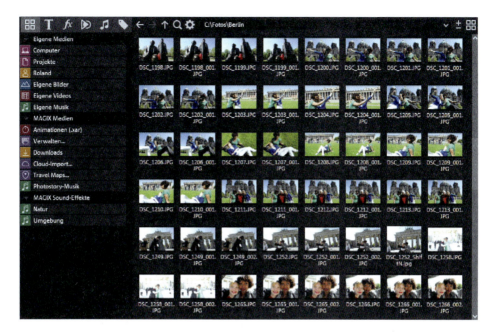

Meistens ist es sinnvoll, sich statt der Dateinamen eine Vorschau der Fotos im Media Pool anzeigen zu lassen. Zu diesem Zweck können Sie bei Bedarf die Darstellung umschalten.

▶ Klicken Sie auf das Symbol rechts oben und wählen Sie GROßE SYMBOLE.

Nun wird für jedes Foto ein kleines Vorschaubild angezeigt, was die Auswahl sehr erleichtert.

▶ Um einzelne Fotos auszuwählen, fahren Sie mit der Maus über das Vorschaubild im Media Pool. Daraufhin erscheint als „Tooltip" ein kleines Symbolfenster.
▶ Klicken Sie auf das rechte Symbol mit dem Pfeil nach unten.

Ihr Bild wird nun automatisch in den Arranger übernommen.

Falls sich Ihr Arranger im Timeline-Modus (siehe Seite 40) befindet, schalten Sie in den Storyboard-Modus. Beim Importieren von vielen Fotos ist dies gerade am Anfang etwas übersichtlicher.

Nun wird Ihr Bild im Arranger angezeigt.

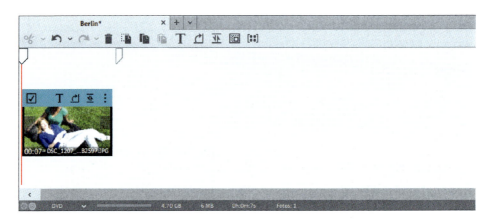

Dies wiederholen Sie bei allen Bildern, die Sie laden möchten. Auf diese Weise füllen Sie nach und nach Ihre Photostory mit Bildern.

Tipp: Sie können auch mehrere Dateien gemeinsam laden: Halten Sie die Strg-Taste gedrückt, um mehrere Bilddateien der Reihe nach auszuwählen und danach gemeinsam zu laden. Mit gehaltener Umschalt-Taste lässt sich ein ganzer Block von Bilddateien auswählen und laden: oberste Datei anklicken, Umschalt-Taste gedrückt halten und die unterste Datei anklicken – sämtliche Dateien dazwischen werden mit ausgewählt und lassen sich mit gehaltener Maustaste (Drag & Drop) gemeinsam in den Arranger laden.

Bilder von der Kamera

Bilder, die Sie gerade erst aufgenommen haben, können Sie auch direkt von der Kamera in MAGIX Photostory Deluxe importieren.

▸ Schließen Sie Ihre Kamera an Ihren PC an.
▸ Wählen Sie im Menü DATEI die Option VON KAMERA IMPORTIEREN.

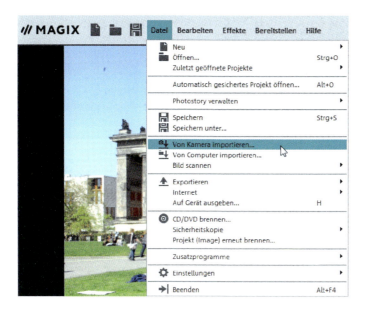

Es öffnet sich der Import-Dialog für Kameras.

▸ Wählen Sie unter QUELLE Ihre Kamera aus.

Nun werden alle Bilder, aber auch Videos, die Sie in MAGIX Photostory Deluxe importieren können, angezeigt.

Tipp: Wenn Sie nur die Bilder angezeigt bekommen möchten, setzen Sie unten im Dialog den entsprechenden Filter.

▸ Über den Vorschaumonitor im Dialog können Sie die Bilder in größerer Ansicht betrachten. Doppelklicken Sie dazu einfach auf ein Bild.
▸ Markieren Sie alle Bilder, die Sie in Ihr Projekt importieren möchten, indem Sie auf das kleine Kästchen neben einem Bild klicken.

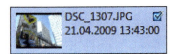

▸ Klicken Sie auf die Schaltfläche **IMPORTIEREN**, um die ausgewählten Bilder in die Photostory zu übernehmen.

Tipp: Sollte Ihre Kamera im Importdialog nicht angezeigt werden, schauen Sie im Handbuch der Kamera nach, wie Sie die Bilder von der Kamera auf Ihren Computer übertragen. In diesem Fall werden Sie vermutlich eine zusätzliche Software installieren müssen, die der Hersteller Ihrer Kamera zur Verfügung stellt.

Bilder einscannen

MAGIX Photostory Deluxe bietet eine Unterstützung für fast alle aktuellen Scanner, so dass Sie Fotos und andere Materialien auch einscannen können. Dabei wird das Hilfsprogramm MAGIX Foto Designer verwendet.

Tipp: Beim Scannen sind Sie nicht auf Fotos und Bilder beschränkt. Schauen Sie doch mal, was Sie alles an Hotelprospekten, Info-Broschüren oder Fahrkarten herumliegen haben. Bei Reise-Shows machen sich solche Mitbringsel als Auflockerung sehr gut.

Beim Scan kommt die sogenannte TWAIN-Schnittstelle zum Einsatz. Mithilfe dieser Software-Schnittstelle kann MAGIX Photostory Deluxe einen Scanner direkt ansprechen. Über die Bedeutung der Abkürzung TWAIN brauchen Sie sich nicht den Kopf zu zerbrechen: Niemand weiß Genaues, aber eine vollkommen ausreichende Erklärung besagt: **T**ool **W**ithout **A**n **I**mportant **N**ame, zu deutsch etwa: „Werkzeug ohne wichtigen Namen".

Wenn Sie erstmals mit Ihrem Scanner scannen wollen, gehen Sie folgendermaßen vor:

▸ Installieren Sie die TWAIN-Software Ihres Geräts. Jeder TWAIN-Scanner bringt eine Installationssoftware mit – meist auf einer beiliegenden CD –, mit der man die auf das jeweilige Gerät abgestimmte Software installieren kann.
▸ Starten Sie Ihren Rechner neu und dann MAGIX Photostory Deluxe.
▸ Wenn Sie mehrere TWAIN-Programme installiert haben, wählen Sie DATEI > BILD SCANNEN > FOTO EXTERN SCANNEN.
▸ Daraufhin startet MAGIX Foto Designer. Hier wählen Sie im Menü DATEI die Option TWAIN > QUELLE AUSWÄHLEN. Klicken Sie im Dialogfeld das Gerät an, mit dem Sie arbeiten möchten. Dieser Schritt ist nicht mehr nötig, solange Sie dasselbe Gerät weiterverwenden.
▸ Wenn Sie nur ein TWAIN-Programm (nämlich das Ihres Scanners) benutzen, wählen Sie in MAGIX Foto Designer direkt DATEI > TWAIN > EINLESEN. Daraufhin erscheint das Scan-Fenster der TWAIN-Software, das für jeden Scannertyp unterschiedlich ist.
▸ Ist der Scan fertig, schließt sich die TWAIN-Software oft von allein – MAGIX Photostory Deluxe erwartet Sie dann mit der frischgebackenen Bilddatei. Möglicherweise bleibt das TWAIN-Fenster aber auch geöffnet. Dann können Sie mehrere Bilder hintereinander scannen.

Videos einbinden

Die meisten Fotokameras und Smartphones können auch Videoclips aufnehmen, die Sie (wie auch jede andere Videodatei) mit in Ihre Photostory einbinden können. Dabei gehen Sie genauso vor wie bei Fotos:

▸ Navigieren Sie zu dem Verzeichnis auf der Festplatte oder Kamera, in dem sich das Video befindet.

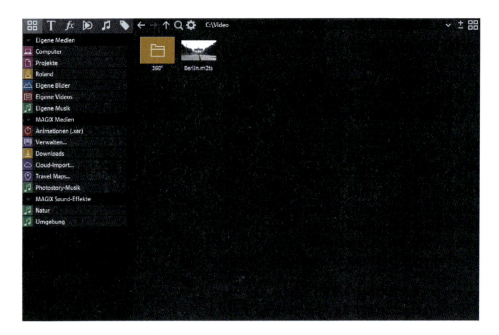

▸ Importieren Sie das Video wie gewohnt in das Storyboard oder die Timeline.

Das Video wird mit einem Vorschaubild zwischen den Fotos platziert und innerhalb der Photostory als Sequenz von vorne bis hinten abgespielt.

Im Storyboard-Modus erhält es ein Lautsprechersymbol, mit dem man die Lautstärke der Tonspur einstellen kann, sowie rechts unten ein Film-Symbol. Außerdem ist es anhand der Dateiendung (in unserem Beispiel: „m2ts") als Video erkennbar.

Tipp: Die beste Qualität erhalten Sie bei Videos mit einer Auflösung von mindestens 720 x 576. Dies ist die Standard-Auflösung einer DVD. Wenn Sie Ihr Video in dieser Auflösung einbinden, entstehen keine verpixelten Bilder, wenn Sie Ihre Photostory auf DVD brennen.

Hinweis: Die Codecs MPEG-2 und MPEG-4 müssen vor dem ersten Gebrauch kostenlos aktiviert werden. Zur Aktivierung der Codecs lesen Sie bitte den Abschnitt „Benötigte Codecs aktivieren".

„Liegende" Bilder drehen

Nicht jedes Foto ist im Querformat aufgenommen worden. Damit die Zuschauer nicht jedes Mal den Kopf drehen müssen, wenn Sie ein Hochkant-Foto zeigen, gibt es eine schnelle Möglichkeit, ein Foto von der Seite auf die Füße zu stellen.

▸ Klicken Sie auf die Schaltfläche mit dem Pfeil.

Sie sehen nun, wie sich das Bild sowohl in der Vorschau unten im Storyboard als auch im Programmmonitor dreht.

▶ Wiederholen Sie ggf. den Vorgang so oft, bis das Foto die richtige Ausrichtung hat.

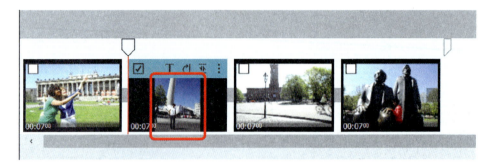

Wenn Sie sich z. B. im Timeline-Modus befinden und ein Bild schnell drehen möchten, können Sie auch die Menüoption EFFEKTE > DREHUNG UM 90° NACH RECHTS wählen oder das Tastaturkürzel Strg + Alt + F drücken.

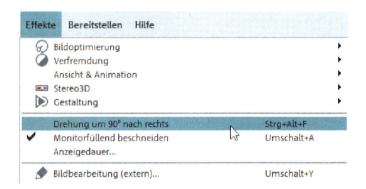

Photostory abspielen

Während Sie Ihre ersten paar Fotos aus dem Media Pool in den Arranger gezogen haben, ist sozusagen unter der Hand Ihre erste kleine Photostory entstanden.

▶ Starten Sie das Abspielen, entweder indem Sie auf den Abspielpfeil unter dem Vorschaumonitor klicken oder – noch einfacher – die Leertaste auf der Tastatur drücken.

Während des Abspielens machen Sie sich mit den wichtigsten Schaltflächen und Anzeigen vertraut.

① **Position:** Hier können Sie sehen, an welcher Stelle Ihrer Photostory Sie sich gerade befinden. Sie können die Positionsanzeige an eine beliebige andere Stelle verschieben und auf diese Weise in der Photostory navigieren.

② **Transportkontrolle:** Hier befinden sich die Abspielfunktionen, wie Sie sie auch von einem DVD-Player kennen.

③ **Startmarker:** Dieser Marker zeigt den Beginn des Abspielbereichs. Sie können ihn genauso wie den Positionsmarker (1) mit der Maus versetzen.

④ **Endmarker:** Dieser Marker zeigt das Ende des Abspielbereichs. Er lässt sich mit der rechten Maustaste versetzen.

⑤ **Info-Zeile:** Ganz unten erhalten Sie eine Reihe von Infos zur Photostory, z. B. die Anzahl der Fotos, die Abspieldauer und der derzeit belegte Speicherplatz.

Abspiellänge einstellen

Beim Abspielen wird jedes Foto standardmäßig 7 Sekunden lang angezeigt.

▶ Um die Anzeigedauer zu ändern, klicken Sie auf die Zeitanzeige des Vorschaubildes im Storyboard-Modus:

Daraufhin öffnet sich der Dialog ANZEIGEDAUER FÜR DAS AKTUELLE FOTO:

▶ Im Dialog können Sie eine Anzeigedauer einstellen und außerdem festlegen, ob Sie die gewählte Anzeigedauer nur für das aktuelle Foto, für den Bereich zwischen Start- und Endmarker oder für alle Fotos in der Photostory anwenden wollen.

Bilder sortieren

Sie füllen also Ihre Photostory auf die beschriebenen Weisen der Reihe nach mit Bildern aus Ihren Laufwerken, aus Ihrer Kamera oder aus dem Internet. Sie können die aktuelle Sortierung jederzeit ändern, indem Sie Bilder aussortieren, umgruppieren oder weitere Fotos an beliebigen Stellen nachladen.

Das geht folgendermaßen:

▶ Wenn Sie ein Foto löschen wollen, klicken Sie es erst an, um es auszuwählen. Ein Häkchen zeigt die aktuelle Auswahl an.

▶ Danach drücken Sie die Entf-Taste auf der Computertastatur. Das Bild wird dann aus der Photostory gelöscht; alle nachfolgenden Bilder rücken automatisch nach vorne.

Zum Umgruppieren klicken Sie auf das Bild und ziehen es mit gehaltener Maustaste an seinen neuen Ort. Sie können auch mehrere Bilder gemeinsam verschieben:

▶ Setzen Sie der Reihe nach bei allen Bildern ein Häkchen, die Sie gemeinsam verschieben wollen.
▶ Wenn Sie einen ganzen Block voller Bilder verschieben wollen, halten Sie die Umschalt-Taste gedrückt und klicken Sie erst auf das erste Bild der Serie und danach auf das letzte Bild. Dadurch werden alle dazwischenliegenden Bilder ebenfalls selektiert:

Um größere Bildermengen im Blick zu haben und zu arrangieren, lässt sich die Ansicht vergrößern.

Dadurch wird das Storyboard nach oben erweitert.

Mit dem Zoom-Schieberegler können Sie anschließend die Ansicht so einstellen, dass sämtliche Fotos gleichzeitig auf dem Storyboard angezeigt werden. Dadurch entfällt lästiges Scrollen.

Timeline-Modus

Zum Schluss kommen wir zu den etwas komplizierteren Bearbeitungsmöglichkeiten: wie Sie die Fotosammlung, die Sie bisher auf dem Storyboard abgelegt haben, mit zusätzlichen Medien zu einer richtigen Photostory arrangieren.

▶ Dazu schalten Sie um in den Timeline-Modus, der Arbeitsumgebung für alle aufwändigeren Arbeiten.

Hier finden Sie Ihre Bilder jetzt als Objekte auf der ersten Spur wieder. Die unteren Spuren sind bisher noch leer.

„Objekt" ist, wie anfangs gesagt, der übergeordnete Begriff für alle Elemente einer Photostory. Neben einem Foto kann ein Objekt auch eine Audio- oder Videodatei sein, aber auch ein Titel. Zu diesen Objekttypen werden wir später noch kommen. An dieser Stelle sei darauf hingewiesen, dass Sie es im Timeline-Modus grundsätzlich

mit Objekten zu tun haben und dass alle Objekte im Timeline-Modus im Prinzip
gleich behandelt werden – egal, ob es sich um ein Bild, Musikstück, Video oder einen
Titel handelt.

Wir zeigen dieses Prinzip anhand eines Objekts, das ein komplettes Musikstück
repräsentiert.

▶ Wenn Sie ein Musikstück auf Ihrem Computer haben, steuern Sie es im Media Pool
an und ziehen Sie es mit gehaltener Maustaste auf die zweite Spur.

Anschließend liegt auf der zweiten Spur ein Audio-Objekt.

Tipp: Genauere Informationen zum Thema „Audiodateien laden und bearbeiten"
finden Sie im Kapitel zur Tonspur weiter hinten (siehe Seite 209).

Sie sehen, das Audio-Objekt ist deutlich länger als die Foto-Objekte auf der ersten
Spur, was daran liegt, dass der zugehörige Song entsprechend länger ist –
normalerweise einige Minuten, während ein Foto-Objekt in der Voreinstellung nur 7
Sekunden lang gezeigt wird.

Das Audio-Objekt sieht auch etwas anders aus, denn es hat kein Vorschaubild wie
ein Foto oder ein Video. Doch auch hier können Sie sich ein Vorschaubild in Gestalt
einer Wellenformanzeige anzeigen lassen.

▶ Klicken Sie mit der rechten Maustaste auf das Audio-Objekt und wählen Sie
WELLENFORMDARSTELLUNG ERZEUGEN.

Nun erhalten Sie also auch für das Audio-Objekt eine Vorschau des enthaltenen Materials. Die Zacken sind die Wellenform des Audiomaterials: Wo etwas zu sehen ist, ist auch etwas zu hören; große Zacken bedeuten dichten Sound und hohe Lautstärke.

Ansonsten aber ist das Audio-Objekt mit den Foto-Objekten auf der ersten Spur funktional identisch.

Betrachten wir ein Objekt genauer. Wenn Sie mit der Maus über das Objekt fahren, sehen Sie an allen vier Ecken des Objekts und oben in der Mitte insgesamt fünf Anfasserpunkte.

Wenn Sie die Maus auf einen der Anfasserpunkte ziehen, werden Sie feststellen, dass sich der Mauszeiger in einen Doppelpfeil verwandelt. Jetzt können Sie klicken und mit gehaltener Maustaste den Anfasserpunkt verstellen.

▶ Mit dem Anfasser links oben lässt sich das Objekt einblenden. Bei Bildobjekten (Fotos, Video, Titel und manche Blenden) wird das Bild ausgehend von Schwarz eingeblendet; bei Audio-Objekten wird der Ton eingeblendet. Je weiter Sie den Anfasser in Richtung Objektinneres ziehen, desto länger dauert es, bis der volle Lichtwert bzw. die volle Lautstärke erreicht ist.
▶ Mit dem Anfasser rechts oben können Sie das Objekt umgekehrt ausblenden, indem Sie den Anfasser nach innen ziehen
▶ Mit dem Anfasser links unten (oder eigentlich der kompletten linken Kante) verschieben Sie den Objektanfang. Dabei verändert sich die Gesamtlänge des Objekts.
▶ Mit dem Anfasser rechts unten (bzw. der kompletten rechten Kante) verschieben Sie das Objektende. Dabei verändert sich ebenfalls die Gesamtlänge des Objekts.

▸ Der Anfasser oben in der Mitte regelt bei Foto- und Video-Objekten die Transparenz, bei Audio-Objekten die Lautstärke.

▸ Wenn Sie direkt auf das Objekt klicken, können Sie das gesamte Objekt auf der Spur verschieben, ohne dass seine Länge verändert wird. Auf diese Weise können Sie also das Verhältnis von mehreren Objekten zueinander ändern – z. B. indem Sie ein Musikstück auf der zweiten Spur so verschieben, dass eine bestimmte Stelle in der Musik effektvoll mit einem bestimmten Foto-Übergang zusammenfällt.

▸ Mit dem MAUSMODUS FÜR ALLE SPUREN, den Sie über die Werkzeugleiste oben im Arranger aktivieren, werden alle Objekte hinter dem Objekt, das Sie verschieben, mitverschoben, damit weiter hinten im Arrangement nichts durcheinanderkommt.

Tipp: Experimentieren Sie mit den Anfassern und den Objektpositionen auf der Spur. Dabei können Sie sehr interessante Effekte erzielen. Versuchen Sie z. B. mal, Lücken zwischen den Fotos anzulegen und dann Foto-Einblendungen von Schwarz oder Foto-Ausblendungen nach Schwarz zu erzeugen.

Über einen Klick mit der rechten Maustaste auf ein Objekt lässt sich das Kontextmenü öffnen, das wichtige Optionen für das jeweilige Objekt bereithält.

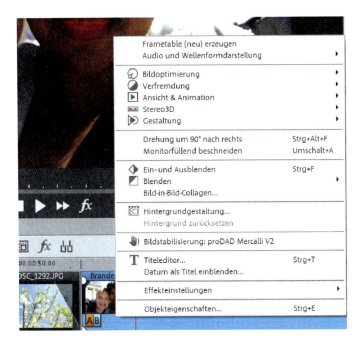

Das Kontextmenü lässt sich für alle Objekttypen auf dieselbe Weise öffnen, enthält aber jeweils andere Optionen für die verschiedenen Objekttypen.

Soweit erstmal der Überblick über die Basisfunktionen. In den weiteren Kapiteln arbeiten wir an unserer Photostory weiter und zeigen Ihnen Schritt für Schritt, wie Sie aus den importierten Fotos mithilfe von Blenden (siehe Seite 73), Titeln (siehe Seite 81), Effekten (siehe Seite 103), Geräuschen und Musik (siehe Seite 204) eine rundum gelungene Multimediashow machen.

Weitere Tipps & Tricks

...zur Bildauswahl

Wir empfehlen, sich bereits vor dem Laden des ersten Fotos Gedanken über das Projekt und die enthaltenen Photostories zu machen. Überlegen Sie sich, welche Fotos in welcher Photostory landen sollen. Hierzu ein paar Tipps:

Thema festlegen: Entscheiden Sie sich für ein klares Thema mit Wiedererkennungswert – sowohl für das Projekt als auch für die einzelnen Photostories. In unserem Beispiel heißt das Projekt „Berlin". Für die Photostories bietet es sich an, die verschiedenen Stationen der Reise als Themen zu übernehmen. Man könnte also eine Photostory zum Thema „Brandenburger Tor", eine weitere zum „Alexanderplatz" und eine dritte zum „Potsdamer Platz" anlegen. Selbstverständlich könnten Sie genauso gut auch eine andere thematische Struktur wählen, z. B. eine chronologische mit den Photostories „Anreise", „Erster Tag", „Zweiter Tag"…

Nur die besten Fotos verwenden: Das klingt trivial, wird aber schnell zum Problem. Denn eine gute Photostory ist kein Fotoarchiv, wo man schlechte Fotos einfach überspringen kann, sondern ein Film, bei dem genau festgelegt ist, wie lange jedes Foto vor den Augen des Betrachters verweilt. Und wer möchte sich schon mit schlechten Fotos langweilen?

Anzahl der Bilder pro Motiv festlegen: Achten Sie darauf, wie viele Bilder ein bestimmtes Motiv „verträgt". Wie oft wollen Sie z. B. den Reichstag präsentieren? Die Antwort hängt natürlich stark von der Anzahl und Qualität Ihrer Bilder ab. Wenn Sie viele gute Bilder mit unterschiedlichen Einstellungen geschossen haben, müssen Sie entscheiden, wie viele Bilder in der Photostory ein bestimmtes Motiv zeigen sollen, bevor das nächste Motiv erscheint.

Anordnung der Motive beachten: Achten Sie bei der Motivauswahl sowohl auf Abwechslung als auch auf Kontinuität. Diese beiden Aspekte stehen ein wenig im Widerspruch zueinander, wollen aber beide berücksichtigt und gewichtet werden. Die gezeigten Motive sollten sich regelmäßig ändern, um die erzählte Geschichte in Gang zu setzen und lebendig zu halten, aber sie sollten trotzdem zueinander passen und am besten harmonisch auseinander hervorgehen, damit man nicht die Orientierung verliert.

Bildsprünge bewusst einsetzen: Krasse Motivwechsel sind, wenn sie mit Vorsicht eingesetzt werden, ein gutes Stilmittel, um zu verhindern, dass der Zuschauer eingelullt wird. Nach einer Reihe von Fotos mit grüner Natur kann es beispielsweise nichts schaden, ein überraschendes Foto z. B. mit einem Gebäude einzusetzen. Dadurch setzt man eine bewusste Zäsur und weckt seine Zuschauer zu neuer Aufmerksamkeit. Zu viele Bildsprünge führen aber umgekehrt zu einer

Verminderung der Aufmerksamkeit – man kann oder mag „nicht mehr folgen". Und Ihr vornehmster Job als Photostory-Regisseur ist es ja, die Aufmerksamkeit Ihrer Zuschauer wach und lebendig zu erhalten.

...zur Dramaturgie

Beim Arrangieren der Bilder kommt es darauf an, ein Gespür für die Dramaturgie der Photostory zu entwickeln. Welche Fotos sind ein guter Einstieg? Welche lassen sich in eine sinnvolle Abfolge bringen? Können die abgebildeten Motive aufeinander verweisen?

Bei einer Reise ist es vergleichsweise einfach, eine gute Struktur zu entwickeln. Hier legt die Chronologie der Ereignisse meist auch die Reihenfolge der Fotos fest. Trotzdem gibt es ein paar dramaturgische Kniffe, um eine bestimmte Etappe zu präsentieren.

Am Anfang macht sich eine Vorstellung der Personen gut. Haben Sie eine Nahaufnahme der Gesichter? Dann stellen Sie sie an den Anfang. Danach könnten die Personen vor dem ersten Urlaubsmotiv posieren und es gleichsam präsentieren. Nun könnte eine Reihe von interessanten Detailfotos folgen. Am Ende der Serie könnte ein Motivwechsel angedeutet werden, indem die beiden Personen auf etwas zeigen, das außerhalb des Bildes liegt, und damit gleichsam das nächste Motiv einleiten.

Schauen Sie also, was sich aus Ihrem Material machen lässt und wie Sie Ihre Fotos aufeinander beziehen können, so dass allmählich eine Geschichte entsteht.

...zu schwarzen Rändern

Oft haben die Fotos nicht dasselbe Seitenverhältnis wie der Vorschaumonitor – z. B. 2:3 statt 4:3. Dann erscheinen schwarze Ränder oben und unten im Vorschaumonitor: Hier schafft die Option BILDFÜLLEND Abhilfe, die Sie für einzelne Bilder im EFFEKTE-Reiter des Media Pool aktivieren können (siehe Seite 149).

Wenn Sie möchten, dass von vornherein alle Bilder, die Sie laden, monitorfüllend beschnitten werden, öffnen Sie die PROJEKTEINSTELLUNGEN (über DATEI > EINSTELLUNGEN > PROJEKT) und aktivieren Sie die Option NEUE MEDIEN

AUTOMATISCH MONITORFÜLLEND BESCHNEIDEN (RÄNDER WERDEN
AUSGEBLENDET).

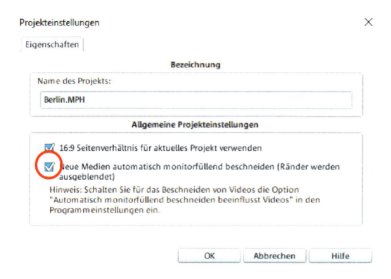

Dabei werden allerdings Bildbereiche an den Seiten abgeschnitten.

Wenn Sie auch Videos automatisch monitorfüllend beschneiden wollen, aktivieren
Sie die Option PROJEKTEIGENSCHAFT „AUTOMATISCH MONITORFÜLLEND
BESCHNEIDEN" BEEINFLUSST VIDEOS in den PROGRAMMEINSTELLUNGEN (über
DATEI > EINSTELLUNGEN > PROGRAMM > OPTIONEN).

...zum Import aus dem Media Pool

Viele Computernutzer haben auf ihrem Computer ein spezielles Verzeichnis, in dem
sie ihre Foto-Dateien ablegen. Dieses kann sich zum Beispiel auf einer externen
Festplatte oder einer anderen Systempartition befinden. Dann können Sie eine
Verknüpfung zu diesem Verzeichnis im Media Pool anlegen.

▸ Navigieren Sie zu dem Ordner, für den Sie eine Verknüpfung erstellen möchten.
▸ Klicken Sie mit rechter Maustaste in den Ordner und wählen Sie ORDNER ALS
  VERKNÜPFUNG.

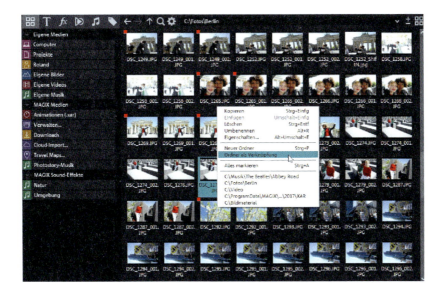

Die neue Verknüpfung erscheint unter dem letzten Eintrag im Media Pool.

Und schon haben Sie Ihren Bilderordner im Media Pool verlinkt.

...zum Abspielen und Navigieren

Mithilfe der Computertastatur kann man das Abspielverhalten des Programms erheblich beschleunigen und vereinfachen:

- Die Taste „Pos1" versetzt den Startmarker an den Anfang des Projekts.
- Ein linker Mausklick in das Taktlineal (oberhalb der Vorschaubilder) setzt den Startmarker, ein rechter den Endmarker. Damit können Sie schnell bestimmte Ausschnitte bilden, um z. B. an Fotoübergängen zu feilen.
- Das Abspielen lässt sich mit der Leertaste starten und stoppen. Dabei wird beim Stopp die Positionslinie zum Startmarker zurückgestellt.
- Um stattdessen an der aktuellen Position zu stoppen, drücken Sie die Esc-Taste (Pause-Funktion).
- Pfeil links bzw. rechts ermöglicht im Timeline- und Storyboard-Modus das langsame Spulen. Wenn Sie dazu die Strg-Taste gedrückt halten, erhöht sich die Spulgeschwindigkeit.

...zum Benutzen von Kartenlesern

Eine gute Alternative zum Anschließen einer Kamera an den Computer (siehe Seite 31) ist es, einen sogenannten Kartenleser zu verwenden. Die meisten modernen Komplettsysteme liefern einen solchen mit; er befindet sich an der Vorderseite des PCs oder Laptops. Ansonsten können Sie ein solches Gerät, das dann per USB angeschlossen wird, auch für wenig Geld nachträglich kaufen.

Der Vorteil eines Kartenlesers ist, dass Sie kein Verbindungskabel für Ihren Computer benötigen. Außerdem können Sie schnell zwischen verschiedenen Karten hin- und herwechseln. Die Karten erscheinen nach dem Einlegen in den Kartenleser als Laufwerk im Import-Dialog.

Hinweis: Die meisten Kartenleser können eine Vielzahl von verschiedenen Karten (siehe Seite 356) lesen.

Projektverwaltung: Alles optimal einrichten

Wenn Sie Ihre Fotos gut ausgewählt und in eine sinnvolle Reihenfolge gebracht haben, verfügen Sie über eine solide Grundlage für Ihre weitere Arbeit als Regisseur. Diese Grundlage sollten Sie rechtzeitig abspeichern, damit sie der Nachwelt nicht verlorengeht. Spätestens jetzt ist es deshalb sinnvoll, das Projekt und die enthaltenen Photostories optimal einzurichten.

Im Folgenden geht es also um die Fragen der Projektverwaltung. Wie speichere ich mein Projekt, wie lade ich es wieder? Wie speichere oder lade ich die enthaltenen Photostories? Wie füge ich verschiedene Photostories zu einer langen Photostory zusammen? Und umgekehrt: Wie teile ich eine überlange Photostory in mehrere selbständige Photostories?

Außerdem werden die Einstellungsmöglichkeiten vorgestellt, die für Photostories, Projekte und das Programm zur Verfügung stehen. Wer lieber an seiner Photostory weiterbasteln möchte, kann auch direkt ins nächste Kapitel springen, wo es mit dem Einsatz von Blenden weitergeht (siehe Seite 73).

Projekte speichern und sichern

Sie sollten aus zweierlei Gründen regelmäßig Ihr Projekt sichern. Zum einen können Sie, wenn etwas schief geht, das Projekt zu dem Zeitpunkt laden, als noch alles in Ordnung war, und zum anderen sind Sie besser geschützt vor technischen Fehlern.

▸ Wählen Sie im Menü DATEI zwischen folgenden Optionen:

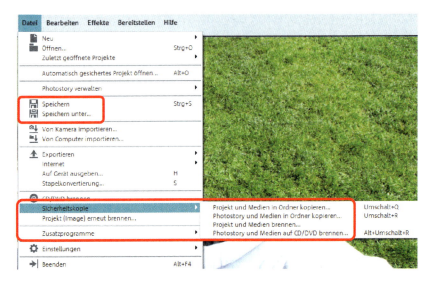

▸ Wenn Sie Ihren Arbeitsstand zwischenzeitlich festhalten möchten, wählen Sie SPEICHERN oder drücken Sie einfach Strg + S.
▸ Wenn Sie Ihr Projekt unter einem anderen Namen oder an einem anderen Ort speichern möchten, wählen Sie SPEICHERN UNTER. Dieser Befehl eignet sich auch hervorragend, um verschiedene Versionen eines Projekts zu erstellen.
▸ Wenn Sie das Projekt mitsamt allen verknüpften Fotos und anderen Dateien als Backup sichern wolen, wählen Sie eine der Optionen aus dem Untermenü SICHERHEITSKOPIE (im Zweifelsfall PROJEKT UND MEDIEN IN ORDNER KOPIEREN).

Projekte laden

Ist das Projekt einmal gespeichert, können Sie es auf verschiedene Weisen wieder laden. Entweder Sie wählen es direkt im STARTDIALOG (siehe Seite 25) aus oder Sie gehen über das Menü DATEI.

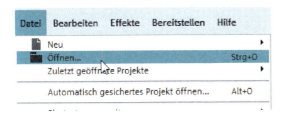

▸ Wählen Sie ÖFFNEN und navigieren Sie im anschließenden Dialog zum Speicherort Ihres Projekts. Alternativ können Sie es auch unter ZULETZT GEÖFFNETE PROJEKTE auswählen.
▸ Doppelklicken Sie auf die Projektdatei.

Außerdem finden Sie in der Werkzeugleiste über dem Videomonitor noch einen Schnellzugriff auf den PROJEKT-LADEN-Befehl.

Photostories verwalten

Ein Projekt besteht aus mindestens einer, meistens mehreren Photostories. Machen Sie sich bereits am Anfang Gedanken darüber, welche Photostories Sie in Ihrem Projekt präsentieren wollen.

Um die passende Anordnung zu schaffne, nutzen Sie entweder die Optionen im Menü DATEI > PHOTOSTORY VERWALTEN oder das Kontextmenü eines Photostory-Reiters.

Wir zeigen dies jetzt an unserem Beispiel. Wir möchten in unserem Berlin-Projekt drei Photostories anlegen: eine über das Brandenburger Tor, eine zum Alexanderplatz und eine über den Potsdamer Platz.

Weitere Photostories anlegen

Will man mehr als eine Photostory in einem Projekt unterbringen, muss man weitere Photostories zum Projekt hinzufügen. Dies geht am schnellsten über das Kontextmenü des Photostory-Reiters unterhalb des Vorschaumonitors.

▸ Klicken Sie mit der rechten Maustaste auf den Reiter der Photostory. Derzeit trägt der noch den Namen unseres Projekts: „Berlin".

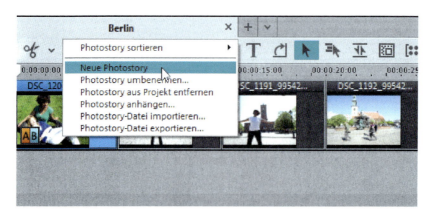

Sie können hier eine bereits vorhandene Photostory importieren (siehe Seite 56) oder eine neue, leere Photostory anlegen. Weil wir bislang erst eine Photostory angelegt haben, müssen wir also eine zweite erstellen.

▸ Wählen Sie NEUE PHOTOSTORY.

Nun folgt die Abfrage, ob Sie für die neue Photostory den Assistenten (siehe Seite 235) verwenden möchten.

▸ Wenn Sie wie wir die Photostory manuell zusammenstellen möchten, klicken Sie auf IGNORIEREN.

Photostory benennen

Jede Photostory erhält einen eigenen Reiter.

Wenn Sie Ihrem Projekt eine neue Photostory hinzugefügt haben, bekommt diese zunächst den Namen des Projekts, ergänzt durch eine Nummer. Unsere derzeitigen Photostories heißen deshalb „Berlin" und „Berlin - 01". Wir wollen sie nun mit aussagekräftigeren Namen versehen.

▶ Wählen Sie im Kontextmenü des Photostory-Reiters den Punkt PHOTOSTORY UMBENENNEN.

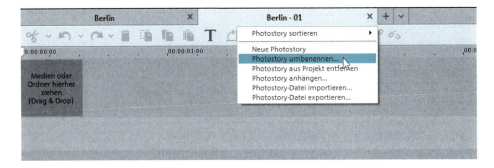

▶ Geben Sie den neuen Namen ein und klicken Sie auf OK.

Nun hat Ihre neue Photostory einen eigenen Namen.

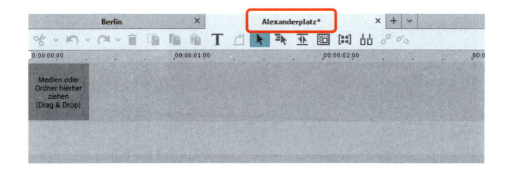

Photostory exportieren

Normalerweise müssen Sie nur das Projekt abspeichern, wenn Sie die Arbeit unterbrechen oder beenden wollen. Dann werden alle enthaltenen Photostories mitsamt ihren Einstellungen und Dateiverknüpfungen gespeichert.

Manchmal aber ist es sinnvoll, einzelne Photostories als separate Dateien abzuspeichern, z. B. um sie in anderen Projekten zu verwenden.

▸ Dazu verwenden Sie im Kontextmenü des Photostory-Reiters den Befehl **PHOTOSTORY-DATEI EXPORTIEREN**.

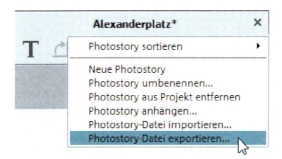

▸ Wählen Sie einen beliebigen Ort auf Ihrem PC und speichern Sie die Datei dort ab.

Hinweis: Dieser Befehl ist erst dann sinnvoll, wenn Sie Ihre Photostory fertig erstellt oder zumindest einen Zwischenzustand erreicht haben, den Sie aufbewahren möchten. Denn die exportierte Photostory-Datei wird nicht automatisch angepasst, wenn Sie die Original-Photostory in Ihrem Projekt weiter bearbeiten.

Photostory importieren

Das Gegenstück zum Photostory-Export ist der Photostory-Import. Hierbei können Sie eine zuvor exportierte Photostory in das aktuelle Projekt laden.

Dies geschieht ebenfalls über den Photostory-Reiter.

▶ Wählen Sie **PHOTOSTORY-DATEI IMPORTIEREN**.

▶ Navigieren Sie im folgenden Dialog zu Ihrer Photostory-Datei, markieren Sie sie und klicken Sie auf **ÖFFNEN**.

Schon haben Sie die Photostory Ihrem Projekt hinzugefügt.

Photostory anhängen

Gelegentlich kommt es vor, dass man eine bereits bestehende Photostory an die aktuelle Photostory anhängen möchte. Im Unterschied zum Import bedeutet dies, dass die Fotos der angehängten Photostory hinter die Fotos der aktuell geöffneten Photostory eingefügt werden. Die derzeit geöffnete Photostory wird also mit weiteren Fotos erweitert; die Anzahl der Photostories im Projekt bleibt gleich.

Auch diese Option findet sich im Kontextmenü des Photostory-Reiters.

▶ Wählen Sie dort **PHOTOSTORY ANHÄNGEN**.

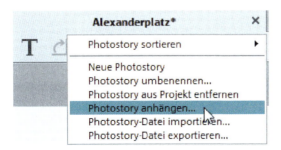

Sie können nun auswählen, wo sich die Photostory befindet, die Sie an die aktuelle Photostory anhängen möchten.

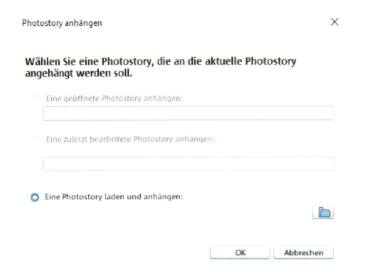

Photostory auftrennen

Manchmal möchte man eine bestehende Photostory in zwei separate Photostories auftrennen, z. B. wenn man während der Arbeit feststellt, dass die Bilderserie keine vernünftige thematische Einheit bildet und besser in zwei eigenständige Photostories aufgeteilt werden sollte. Oder wenn unvorhergesehenerweise viele weitere Bilder hinzukommen sollen, die in ihrer Fülle den Rahmen einer Photostory sprengen.

Hinweis: Technisch bedingt gibt es eine obere Grenze von 99 möglichen Menüeinträgen. Um alle Fotos mit der Fernbedienung anspringen zu können, sollte also spätestens ab dieser Anzahl Fotos die Photostory aufgeteilt werden.

Dazu gehen Sie so vor:

▸ Platzieren Sie den Abspielmarker an der Stelle, an der die Photostory getrennt werden soll.
▸ Klicken Sie unterhalb des Programmmonitors auf das kleine Dreieck neben der **ZERSCHNEIDEN**-Schaltfläche und wählen Sie im Menü **PHOTOSTORY TRENNEN**.

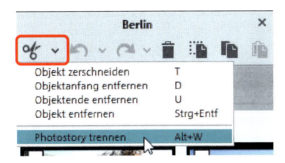

Hinweis: Diese Funktion findet sich nur hier, im Menü der ZERSCHNEIDEN-Schaltfläche. Sie lässt sich nicht über die Hauptmenüs aktivieren.

Dadurch wird die aktuelle Photostory an der Stelle des Abspielmarkers aufgetrennt. Alle Bilder ab dieser Position werden in eine neue Photostory übernommen.

Tipp: Alternativ können Sie natürlich auch die zu trennende Photostory einfach unter einem neuen Namen abspeichern, die vordere Hälfte der Bilder herauslöschen und dann die alte Photostory öffnen und dort die hintere Hälfte löschen – auch so bilden Sie aus einer längeren Photostory zwei separate kürzere.

Photostory aufteilen

Statt mit PHOTOSTORY AUFTRENNEN die überlange Photostory manuell zu unterteilen, können Sie diese Arbeit auch von einem Assistenten erledigen lassen. Diesen finden Sie im Menü BEARBEITEN > ASSISTENTEN > PHOTOSTORY AUFTEILEN.

Der Assistent erkennt automatisch, wie viele Bilder sich in Ihrer Photostory befinden, und bietet Ihnen drei Möglichkeiten:

- **FOTOS ANHAND DES AUFNAHMEDATUMS GRUPPIEREN UND IN MEHRERE PHOTOSTORIES AUFTEILEN:** Diese Option ist die beste, wenn alle Fotos mit dem gleichen Aufnahmedatum in eine Photostory sollen. Wenn Sie also z. B. am ersten Tag am Brandenburger Tor, am zweiten am Potsdamer Platz und am dritten am Alexanderplatz waren, bekommen Sie so drei entsprechend sortierte Photostories. Sie können zudem eine Mindestanzahl für die Bilder der Photostories festlegen.
- **PHOTOSTORIES NACH ANZAHL DER BILDER ERZEUGEN:** Sie können auswählen, nach wie vielen Bildern eine neue Photostory angelegt werden soll. Achten Sie darauf, dass die letzte Photostory nicht zu klein wird, denn sie enthält den „Rest" der Bilder, die nach der automatischen Aufteilung übrig bleiben.
- **DIE FOTOS IN DIE ANGEGEBENE ANZAHL AN PHOTOSTORIES AUFTEILEN:** Mit dieser Option vermeiden Sie, dass ein kleiner Rest bleibt und verteilen die Fotos gleichmäßig auf die festgelegte Anzahl Photostories.

Tipp: Dieser Assistent eignet sich besonders gut zum schnellen Erstellen einer Photostory-Disc. Wenn die Zeit knapp, aber die Bildanzahl groß ist: einfach alle Fotos laden, den Assistenten starten und anschließend die Disc mit Menü brennen (siehe Seite 313).

Photostories sortieren

Die Sortierung der Photostories betrifft vor allem die Reihenfolge der Menüeinträge auf der späteren Disc. Diese Reihenfolge können Sie leicht ändern, indem Sie die Photostories umsortieren.

▸ Wählen Sie dazu die gewünschte neue Position aus dem Untermenü **PHOTOSTORY SORTIEREN** im Kontextmenü jedes Photostory-Reiters.

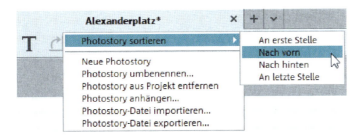

AN ERSTE STELLE bedeutet, dass der Photostory-Reiter im Arranger ganz nach links, an den Anfang der Photostory-Reiter, sortiert wird und also als erster Menüeintrag auf der Disc erscheint. **AN LETZTE STELLE** sortiert die Photostory ganz nach rechts und entsprechend ans Ende des Menüs. **NACH VORN** sortiert ihn eine Position weiter nach links bzw. vorne, **NACH HINTEN** eine nach rechts bzw. hinten.

Photostories aus Projekt entfernen

Manchmal möchten Sie eine Photostory auch wieder aus Ihrem Projekt entfernen. Dies funktioniert ganz leicht über das Kontextmenü des Photostory-Reiters.

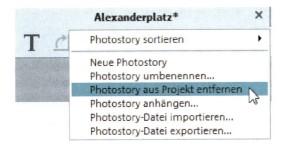

Die anschließende Sicherheitsabfrage müssen Sie dann natürlich mit **PHOTOSTORY ENTFERNEN** bestätigen.

Einstellungen

Machen wir uns nun mit den Einstellungsmöglichkeiten vertraut, die MAGIX
Photostory Deluxe anbietet, damit Sie optimal arbeiten können.

Sie finden sie im Menü DATEI > EINSTELLUNGEN.

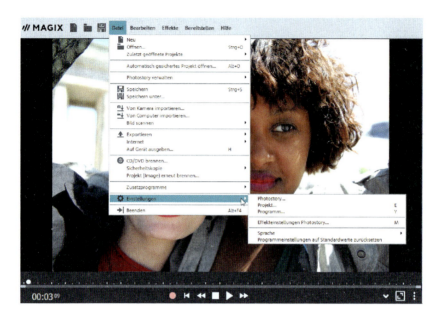

...für Photostories

Über DATEI > EINSTELLUNGEN > PHOTOSTORY erreichen Sie die Einstellungen für
die aktuelle Photostory:

Unter VORSCHAU wählen Sie aus, welches Bild zur Vorschau der Photostory im
Windows Explorer und ähnlichen Programmen verwendet wird. Es geht hier nur um

das kleine Bildchen, das im Dateibrowser angezeigt wird. Sie können dafür eine beliebige Bilddatei oder ein bestimmtes Bild aus der Photostory aussuchen.

VORSCHAUBILD AUTOMATISCH AUSWÄHLEN: Diese Option ist standardmäßig markiert. Hierbei wird das erste Bild der Photostory verwendet.

BILDDATEI VERWENDEN nimmt eine frei auswählbare Bilddatei als Vorschaubild. Diese Datei muss nicht in der Photostory vorkommen.

VORSCHAUBILD AUS PHOTOSTORY VERWENDEN nimmt ein Bild aus der Photostory als Vorschaubild. Mit dem Regler suchen Sie sich eine passende Stelle heraus.

...für Projekte

Die Projekteinstellungen gelten für alle enthaltenen Photostories gemeinsam. Sie erreichen sie über das Menü **DATEI** > **EINSTELLUNGEN** > **PROJEKT**.

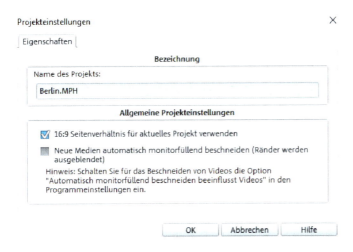

Unter **NAME DES PROJEKTS** sehen Sie, wie das aktuell geöffnete Projekt heißt. Den Namen können Sie hier allerdings nicht ändern; dazu wählen Sie am besten den Befehl **DATEI** > **SPEICHERN UNTER**.

Unter **ALLGEMEINE PROJEKTEINSTELLUNGEN** können Sie auswählen, ob Ihr Projekt im Seitenverhältnis 16:9 (für Breitbild-Fernseher) erscheinen soll und ob neue Medien direkt an den Monitor angepasst werden sollen. Dann erscheinen alle Bilder automatisch bildfüllend und randlos, allerdings zu dem Preis, dass überstehende Ränder abgeschnitten werden müssen. Bei Bedarf können Sie den Bildausschnitt einzelner Bilder auch nachträglich anpassen oder ganz ausschalten (siehe Seite 149).

...für das Programm

Über DATEI > EINSTELLUNGEN > PROGRAMM erreichen Sie die Programmeinstellungen. Diese Einstellungen haben keine direkte Auswirkung auf Ihre Photostories, sondern sie betreffen nur die Funktionen des Programms.

Wiedergabe

Programmeinstellungen			✕
Wiedergabe	Pfade	Optionen	Anzeige

Audiowiedergabe

Treiberauswahl: ◉ Wave-Treiber   ◌ Direct-Sound

Ausgabegerät: Lautsprecher (Conexant HD Audio ▽

Audiopuffergröße: ⊖ 16384 ⊕

Arranger

Autoscroll während des Abspielens:

☑ AutoScroll   ◉ Schnell   ◌ Langsam

Wiedergabe von Bildmaterial

☑ Bildmaterial im Hintergrund laden

OK	Abbrechen	Hilfe

Unter **AUDIOWIEDERGABE** geben Sie an, welcher Treiber verwendet werden soll und über welchen Ausgang Ihres Computers der Sound wiedergegeben wird. Wenn Sie feststellen, dass der Ton beim Abspielen hakt oder ins Stottern kommt, können Sie hier zwischen **WAVE-TREIBER** und **DIRECT SOUND** umschalten und ggf. die **AUDIOPUFFERGRÖßE** erhöhen.

AUTOSCROLL bedeutet, dass die Arrangeranzeige automatisch weiterbewegt wird, wenn der Abspielmarker sich dem Ende des sichtbaren Bereichs nähert. Hierfür lassen sich zwei Geschwindigkeiten einstellen.

Tipp: AUTOSCROLL beansprucht viel Rechenpower. Wenn die Wiedergabe zu ruckeln beginnt, können Sie diese Option versuchsweise abschalten.

BILDMATERIAL IM HINTERGRUND LADEN lädt die Bilder und Videos im Arranger schon mal vor, so dass sie schneller abgespielt werden können.

Pfade

Programmeinstellungen   ✕

Wiedergabe	Pfade	Optionen	Anzeige

Ordner

Projekte:	C:\Users\Roland\Documents\MAGIX\Photostory Deluxe
Exporte:	C:\Users\Roland\Documents\MAGIX\Photostory Deluxe

Audioimport:	C:\Users\Roland\Documents\MAGIX\Photostory Deluxe\AudioTemp
Disc Images:	C:\Users\Roland\Documents\MAGIX\Photostory Deluxe\Disc Images
Downloads:	C:\Users\Roland\Documents\MAGIX Downloads

Bildeditor:	C:\Program Files\MAGIX\Photostory Deluxe\2018\PhotoDesigner\PhotoDesigner.ex
Audioeditor:	C:\Program Files\MAGIX\Photostory Deluxe\2018\MusicEditor\MusicEditor.exe
Menü-Editor:	

OK   Abbrechen   Hilfe

Im Reiter PFADE legen Sie fest, wo welche Dateien standardmäßig gespeichert werden.

Tipp: Meistens können Sie auch vor dem Speichern der Dateien noch einmal auswählen, wo eine Datei gespeichert wird. Hier stellen Sie nur ein, welches Verzeichnis in den Dialogen jeweils voreingestellt ist.

Unter MENÜ-EDITOR legen Sie fest, mit welchem Programm Menüelemente, die Sie extern bearbeiten möchten, geladen werden (siehe Seite 322). Dies könnte z. B. der MAGIX Foto & Grafik Designer oder Xara Designer Pro sein.

Optionen

Hier erreichen Sie den wichtigsten Einstellungsdialog von MAGIX Photostory Deluxe.

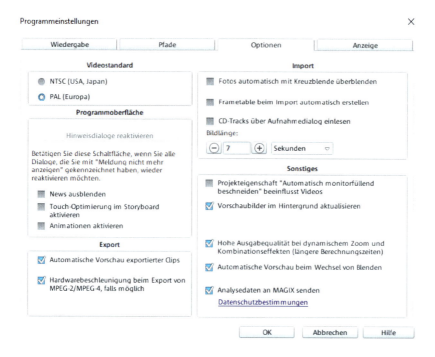

VIDEOSTANDARD: Hier wechseln Sie zwischen **NTSC** und **PAL**. Solange Ihr Medium nur auf Playern in Europa abgespielt werden soll, bleiben Sie bei **PAL**. Wenn Sie z. B. Ihre DVD in die USA oder nach Japan verschicken möchten, sollte hier **NTSC** eingestellt werden.

HINWEISDIALOGE REAKTIVIEREN: Sollten Sie einzelne Hinweisdialoge weggeklickt haben, so dass diese nicht mehr angezeigt werden, können Sie dieses Verhalten hier zurücksetzen.

NEWS AUSBLENDEN: Hier können Sie die über das Internet empfangbaren Meldungen des MAGIX News Center abschalten.

TOUCH-OPTIMIERUNG IM STORYBOARD AKTIVIEREN: Wenn Sie am Touchscreen Probleme haben, die Dialoge zu nutzen, können Sie sie hier größer stellen.

AUTOMATISCHE VORSCHAU EXPORTIERTER CLIPS: legt fest, ob exportierte Clips automatisch direkt abgespielt werden sollen. Dazu wird das Standard-Programm Ihres Computers zum Abspielen des entsprechenden Videoformats verwendet.

HARDWAREBESCHLEUNIGUNG BEIM MPEG-4/AVCHD-EXPORT, FALLS MÖGLICH: Wenn Sie eine moderne und leistungsstarke Grafikkarte besitzen, kann diese die Ausgabe der Photostory im MPEG4- oder AVCHD-Format beschleunigen.

FOTOS AUTOMATISCH MIT KREUZBLENDE ÜBERBLENDEN: Hierbei werden Fotos, die per Doppelklick geladen werden, automatisch mit einer Kreuzblende (Crossfade) arrangiert.

FRAMETABLE BEIM IMPORT AUTOMATISCH ERSTELLEN: Diese Option sollten Sie aktivieren, wenn Sie Probleme beim Laden und Abspielen von MPEG-Videos haben. Dabei verzögert sich zwar der Ladevorgang beim Import, aber die Abspielperformance im Projekt wird verbessert.

CD-TRACKS ÜBER AUFNAHMEDIALOG EINLESEN: Diese Option können Sie ausprobieren, falls das normale Laden von Audio-CD-Tracks über den Media Pool nicht oder nur fehlerhaft funktioniert. Bei aktivierter Option wird der Aufnahmedialog (siehe Seite 218) geöffnet, sobald eine CD-Track in das Projektfenster gezogen wird.

BILDLÄNGE: Hier stellen Sie ein, wie lang ein importiertes Bild standardmäßig angezeigt wird. Beachten Sie bei der Einheit **FRAMES**, dass diese von der Anzahl der Frames pro Sekunde (i. d. R. 25) abhängig ist.

**PROJEKTEIGENSCHAFT „AUTOMATISCH MONITORFÜLLEND BESCHNEIDEN"
BEEINFLUSST VIDEOS:** Diese Projekteigenschaft für Fotos finden Sie in den Projekteinstellungen (s. o.). Hier lässt sie sich auch für Videos aktivieren.

VORSCHAUBILDER IM HINTERGRUND AKTUALISIEREN: ermöglicht ein ständig an die aktuellen Einstellungen angepasstes Vorschaubild.

SPEICHER FÜR BITMAPS IN ANDEREN PROZESS AUSLAGERN: Damit erhöhen Sie die Leistung bei der Bildverarbeitung und machen MAGIX Photostory Deluxe schneller.

**HOHE AUSGABEQUALITÄT BEI DYNAMISCHEM ZOOM UND
KOMBINATIONSEFFEKTEN:** Wenn Sie einen besonders leistungsstarken Rechner besitzen, können Sie diese Option einschalten, um die Darstellung innerhalb des Programms zu verbessern. Auf die Ausgabequalität beim Export hat die Option keinen Einfluss.

AUTOMATISCHE VORSCHAU BEIM WECHSEL VON BLENDEN: Hierbei wird automatisch der Bereich der Überblendung abgespielt, wenn Sie diese verändern.

Anzeige

Programmeinstellungen   ×

| Wiedergabe | Pfade | Optionen | Anzeige |

Wiedergabe im Arranger

Deinterlacing:

Standardmodus (Hardwarebeschleunigung Direct3D)   ▽   Kein Deinterlacing

Intel(R) HD Graphics 630   ▽   ○ Bottom Field First   Top Field First

Bildaufbau im Vertical Blank Interval (VBI)

☑ Hohe Auflösung bei Vollbildwiedergabe verwenden

☐ Hardwarebeschleunigung bei der H.264-Wiedergabe, falls möglich

Videoausgabe auf externes Gerät

☐ Videoausgabe aktiviert

Monitor 1 @ Intel(R) HD Graphics 630   ▽

OK   Abbrechen   Hilfe

Unter **WIEDERGABE IM ARRANGER** können Sie zwischen verschiedenen Wiedergabe-Modi wählen. Wenn das Bild bei der Wiedergabe zu stark ruckelt, sollten Sie nach und nach die einzelnen Modi ausprobieren und sehen, welcher für Ihr System am besten geeignet ist.

Der **KOMPATIBILITÄTSMODUS** sollte auf allen Systemen funktionieren und eingestellt werden, sobald es mit anderen Modi Probleme gibt.

Der **STANDARDMODUS (HARDWAREBESCHLEUNIGUNG DIRECT 3D)** bietet Geschwindigkeitsvorteile, da viele rechenintensive Funktionen auf die Grafikkarte ausgelagert werden. Abhängig von der Grafikkarte kann die Leistungsfähigkeit um bis zu 300 % gesteigert werden. Für die Nutzung dieses Modus muss die Grafikkarte mindestens 128 MB Speicher haben, der Grafikkartentreiber muss die „High Level Pixel Shader Language 2.0" unterstützen und es muss mindestens Direct 3D 9 installiert sein. MAGIX Photostory Deluxe überprüft dies und setzt falls nötig den Modus auf den Kompatibilitätsmodus zurück.

Der **ALTERNATIVMODUS 2** nutzt Hardware-Deinterlacing für die Ausgabe am PC-Bildschirm oder progressiv-scan-fähige Beamer. Dies ist ein Spezialmodus und kann in Verbindung mit modernen Grafikkarten ausprobiert werden.

DEINTERLACING steht Ihnen nur beim **ALTERNATIVMODUS 2** zur Verfügung. Sollte importiertes Videomaterial falsch angezeigt werden, können Sie diese Option

wahlweise ein- bzw. ausschalten und ggfs. zwischen BOTTOM FIELD FIRST und TOP
FIELD FIRST wechseln. Typische Probleme, die durch Deinterlacing behoben werden
können, sind ausgefranste Linien und Kammstrukturen an eigentlich geraden
Rändern im Bild. BOTTOM FIELD FIRST bzw. TOP FIELD FIRST können
Flimmerprobleme lösen.

BILDAUFBAU IM VERTICAL BLANK INTERVAL (VBI) können Sie bei TFT-Monitoren
grundsätzlich deaktiviert lassen. Ansonsten kann diese Option Bildabrisse
(sozusagen kleine schwarze Löcher im Film) verhindern, benötigt allerdings einiges
an zusätzlicher Rechenpower.

IMMER DIRECTX9 VERWENDEN sollten Sie aktivieren, wenn Sie noch unter Windows
XP arbeiten oder Ihre Grafikkarte keine neuere Version von Direct X unterstützt.

HOHE AUFLÖSUNG BEI VOLLBILDWIEDERGABE VERWENDEN sollten Sie nur
einschalten, wenn Sie einen entsprechend leistungsstarken PC besitzen. Ansonsten
sollte diese Option ausgeschaltet bleiben.

In der Rubrik VIDEOAUSGABE AUF EXTERNES GERÄT geht es um das Abspielen der
Photostory auf einem an den Computer angeschlossenen weiteren Gerät, z. B. einem
zweiten Monitor. Windows Aero heißt die halb transparente Oberfläche der neueren
Windows-Versionen, die recht viel Ressourcen verbraucht. Im Interesse eines
flüssigen Abspielens können Sie dieses Erscheinungsbild hier ausschalten und
stattdessen den klassischen Windows-Look benutzen.

Fotos verwalten

Am Schluss dieses etwas bürokratischen Kapitels wollen wir Sie auf die
Möglichkeiten der Fotoverwaltung hinweisen. Denn im Lauf der Zeit entstehen
immer mehr Foto-Ordner auf der Festplatte, so dass der Überblick über die
vorhandenen Materialien immer schwerer fällt.

Um diese ständig anwachsenden Fotomassen optimal zu verwalten, nutzen Sie am
besten den MAGIX Foto Manager.

▶ Klicken Sie im Media Pool auf MAGIX MEDIEN > VERWALTEN.

Beim ersten Mal werden Sie gefragt, ob Sie den MAGIX Foto Manager herunterladen und installieren wollen. Bestätigen Sie diese Abfrage und installieren Sie das Problem kostenlos.

Wenn der MAGIX Foto Manager installiert ist, wird er ab jetzt immer automatisch gestartet, wenn Sie auf **MAGIX MEDIEN** > **VERWALTEN** klicken.

Der MAGIX Foto Manager ist ein kleines, praktisches Werkzeug zum Organisieren von Fotos und Fotoalben.

Auf der linken Seite finden Sie die Rubrik **ORDNER**, über die Sie sämtliche Laufwerke und Verzeichnisse Ihres Computers ansteuern können.

Die wichtigste Anwendung von MAGIX Foto Manager ist die Albumfunktion. Dabei nutzen Sie MAGIX Foto Manager als Sortierhilfe, um alle Kandidaten für die spätere Photostory vorab in einem Album einzusammeln. Die Navigationsmöglichkeiten von MAGIX Foto Manager sind wesentlich komfortabler als die von MAGIX Photostory Deluxe.

▸ Durchsuchen Sie als erstes Ihre Verzeichnisse nach geeigneten Fotos. Dazu nutzen Sie in der Rubrik ORDNER den Verzeichnisbaum links. Jedes Verzeichnis lässt sich wie üblich per Doppelklick öffnen. Der Inhalt wird in der Vorschau rechts angezeigt.

▸ Schalten Sie rechts oben in die Filmstreifen-Ansicht, um das aktuelle Foto in Großansicht zu sehen. Die restlichen Fotos aus dem Ordner ersheinen weiter unten als Filmstreifen mit verkleinerten Vorschaubildern.

▸ Jedes Fundstück, das Sie in Ihrer späteren Photostory verwenden wollen, können Sie in ein Album sortieren. Dazu drücken Sie einfach die S-Taste auf der Computertastatur oder klicken auf die Schaltfläche ZU ALBUM.

Dadurch wird das Bild in ein Album einsortiert. Gleichzeitig erscheint die Album-Ansicht am rechten Rand, so dass Sie immer im Blick haben, welche Fotos gemeinsam in dem Album liegen.

▸ Wenn Sie Ihr Album zusammengestellt haben, speichern Sie es über FOTOALBUM SPEICHERN.

▶ Im Dialog können Sie für die Albumdatei einen Speicherort und einen Namen angeben. Die Datei erhält die Endung *.ALB.

▶ Nun wechseln Sie zu MAGIX Photostory Deluxe, navigieren im Media Pool zu dem Verzeichnis, in das Sie Ihr Album aus MAGIX Foto Manager abgelegt haben, und laden die Datei mit der Endung *.ALB.

Blenden:
Übergänge von Bild zu Bild

Nicht nur Bilder sind wichtig, auch auf die Übergänge zwischen den Bildern kommt es an. Diese Bildübergänge nennt man auch Blenden: Ein Bild wird in das nächste übergeblendet.

Die einfachste und auch häufigste Blende ist der sogenannte „harte Schnitt", der eigentlich gar keine Blende ist, sondern die Abwesenheit einer Blende. Ein Bild folgt auf das andere – einfach, schnörkellos, ohne Überblendung.

Daneben gibt es die sanfte Überblendung, die den Bildübergang nicht so plötzlich erscheinen lässt, meist als Kreuzblende, bei der das erste Bild langsam ausgeblendet wird, während gleichzeitig – sozusagen über Kreuz – das nächste Bild eingeblendet wird. Diese Kreuzblende ist für Photostories oft besser geeignet als ein harter Schnitt, weil er den Betrachter auf den kommenden Bildsprung vorbereitet.

Darüber hinaus gibt es viele weitere, zum Teil hochkomplexe und raffinierte Blenden, die eigentlich kleine Filmchen sind, welche mit den zu überblendenden Bildern jonglieren.

Viel Raum für Entdeckungen also. Nehmen Sie sich am besten etwas Zeit.

Vorlagenverzeichnis öffnen

Die mitgelieferten Vorlagen erreichen Sie links oben am Media Pool.

Die Vorlagen sind in mehreren Kategorien einsortiert. Es gibt neben den BLENDEN zum Beispiel auch FILM- & SCHNITTVORLAGEN, INTRO-/OUTRO-ANIMATIONEN oder TITELVORLAGEN.

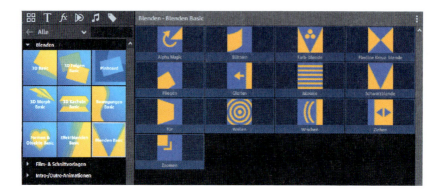

Die bunten Kacheln auf der linken Seite stellen einzelne Ordner dar, in denen sich verschiedene Inhalte befinden. Jeden Ordner können Sie per Mausklick auf die Kachel öffnen.

Blende auswählen

▸ Klicken Sie also links auf eine Blendenkachel, um nachzusehen, welche Blenden dort verfügbar sind.

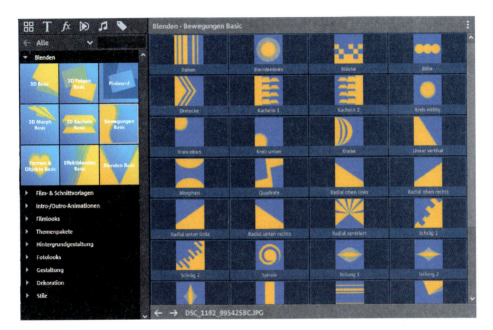

▸ Führen Sie die Maus auf ein Blenden-Symbol und klicken Sie auf den Vorschau-Pfeil, um eine Vorschau zu erhalten.

Das **A** steht für das Bild, welches ausgeblendet wird, und **B** für das nachfolgende Bild, das eingeblendet wird.

Blende einfügen

▸ Ziehen Sie die gewünschte Blende zwischen zwei Bilder.

▸ Wenn Sie loslassen, wird die Blende an der Stelle des Mauszeigers eingefügt.

Das Einfügen im Storyboard-Modus funktioniert genauso: Sie ziehen die Blende aus dem Media Pool auf das Storyboard zwischen zwei Vorschaubilder.

Anschließend wird der Abspielmarker automatisch kurz vor die neue Blende gesetzt, so dass Sie die Passage direkt abspielen können, um die Blende zu überprüfen.

Blende ändern

Zum Ändern der Blende ziehen Sie einfach eine neue Blende aus dem Media Pool auf die vorhandene Blende.

Sie können auch auf das Blendensymbol im Arranger klicken und die Blende ändern.

Blende löschen

Zum Löschen einer Blende wählen Sie im Blendenmenü den Eintrag SCHNITT (KEINE BLENDE). Dadurch erhalten Sie wieder den „harten Schnitt" zurück, und die ursprüngliche Länge wird wiederhergestellt.

Blendendauer ändern

Die Dauer der Überblendung können Sie im Blendenmenü unter LÄNGE DER
ÜBERBLENDUNG einstellen.

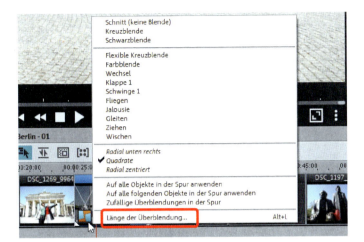

Dabei erscheint ein Schieberegler, mit dem Sie die Dauer einstellen. Mit AUF ALLE
ANWENDEN übernehmen Sie die eingestellte Länge für alle Bildübergänge der
Photostory.

In der Timeline können Sie die Startposition der neuen Szene auch direkt mit der
Maus verschieben. Da das Ende der Blende stehen bleibt, ändert sich dadurch die
Länge der Blende.

Über den Anfasser am Ende der Blende ändern Sie die Endposition und damit
ebenfalls die Länge.

Weitere Tipps & Tricks

Feinjustierung: Nutzen Sie den Timeline-Modus, um die Blende exakt einzustellen. Hier können Sie das Ende des vorherigen Objekts, den Anfang des nächsten und die Blende selber genau aufeinander abstimmen.

Sparsam dosieren: Wie bei allen Effekten gilt auch bei Blenden: Weniger ist oft mehr. Das heißt: Überfordern Sie Ihre Zuschauer nicht, indem Sie eine aufwändige Blende auf die nächste folgen lassen, sondern verwenden Sie in der Regel eine simple, sanfte Kreuzblende. Nutzen Sie die spektakulären Blenden lieber als bewusst eingesetzte Highlights.

Fotos und Blenden aneinander ausrichten: Passen Sie Anzeigedauer und Blendendauer aneinander an. Wenn eine Blende z. B. drei Sekunden dauert, sollte nicht schon nach zwei Sekunden das nächste Bild folgen. Ihre Zuschauer würden sonst kaum das gezeigte Bild würdigen können, sondern nur noch auf die Blende achten.

Dreidimensionale Blenden: Experimentieren Sie mal mit den 3D-Folgen, die Sie im Blendenverzeichnis finden. Hier können Sie Ihre Fotos z. B. nacheinander an eine virtuelle Pinnwand stecken oder an die Wände einer Galerie hängen.

Titel:
Zusatzinfos für Bilder

Nicht alle Bilder sind so aussagekräftig, dass sich jede Erklärung erübrigt. Bei Reiseshows möchten die Zuschauer wissen, wo sie sich gerade befinden. Und vielleicht auch, wann und wie das Foto entstanden ist.

Im folgenden Kapitel wird deshalb gezeigt, wie Sie Ihre Fotos mit Zusatzinformationen ausstatten, indem Sie aussagekräftige Titel oder Texte einblenden. Eine Alternative oder Ergänzung dazu bieten Sprecherkommentare, die wir an anderer Stelle (siehe Seite 217) erläutern.

In MAGIX Photostory Deluxe ist „Titel" eine allgemeine Bezeichnung für Text, der im Nachhinein über die Objekte einer Photostory gelegt wird. Dabei kann es sich um den Vor- oder Abspanntext, ergänzende Angaben zu Fotos oder – bei Videos – um Untertitel handeln. Auch 3D-Titel sind möglich.

Titel auswählen

Anders als die Blenden finden Sie die **TITELVORLAGEN** in einem eigenen Titel-Reiter des Media Pool (siehe Seite 73), das Sie über die **T**-Schaltlfäche erreichen.

Titelvorlagen sind vorkonfigurierte Titel, die Sie nur noch mit eigenem Text füllen müssen.

▸ Links sehen Sie wie gewohnt die verfügbaren Kategorien.

▸ Jede Kategorie lässt sich wie üblich per Mausklick auf die Kachel öffnen. Dabei ändern sich die einzelnen Inhalte auf der rechten Seite.

▸ Führen Sie die Maus über eine Titelvorlage und klicken Sie auf den Pfeil, um eine Vorschau zu erhalten.

Titel einfügen

▸ Wenn Sie einen geeigneten Titel gefunden haben, ziehen Sie ihn mit gehaltener
  Maustaste aus dem Media Pool in die Timeline.

Anschließend erscheint ein Titelobjekt in der Spur und das Eingabefeld am
Vorschaumonitor wird geöffnet.

Text, Position & Größe anpassen

Im Eingabefeld am Vorschaumonitor können Sie den Text eingeben. Wenn Sie mit der Texteingabe fertig sind, klicken Sie auf das Häkchen rechts oben im Eingabefeld.

Der Titel erhält einen gestrichelten Positionierungsrahmen.

Diesen Rahmen können Sie mit der Maus im Bild verschieben. Dabei wird der Mauszeiger zu einem Kreuz.

Wenn Sie eine animierte Titelvorlage geladen haben, kann es passieren, dass sich nicht alle Änderungen wie gewünscht realisieren lassen. Manchmal springt der Titel zurück an eine Position, an die er gar nicht soll. Das liegt daran, dass die Titelvorlage einen Bewegungseffekt enthält, die seine Startposition definiert. Um in solchen Fällen den Titel frei positionieren zu können, müssen alle vorgefertigten Effekte zunächst ausgeschaltet werden.

▶ Klicken Sie dazu mit der rechten Maustaste auf das Titelobjekt und wählen Sie die Option **EFFEKTE ZURÜCKSETZEN**.

Sie können den Rahmen an den Anfasserpunkten auch vergrößern oder verkleinern. Dabei wird der Mauszeiger zu einem Doppelpfeil.

Titeleditor aufrufen

In unserem Beispiel ist die Schriftfarbe ungünstig. Sie bildet nicht genug Kontrast zum hellen Hintergrund. Für solche und alle weitergehenden Bearbeitungen benötigen wir den Titeleditor.

▸ Klicken Sie im Media Pool auf die Schaltfläche **MANUELLE TITELBEARBEITUNG**.

Auf der rechten Seite erscheint nun der Titeleditor-Dialog, in dem Sie die Schriftfarbe ändern und viele andere Formatierungen einstellen können.

Textgestaltung im Titeleditor

Mit dem Titeleditor können Sie alle Texteigenschaften detailliert bearbeiten.

▸ Unter **TITEL** sehen Sie den Text Ihres Titels und können diesen auch hier im Titeleditor ändern oder neu eingeben.
▸ Unter **SCHRIFT** wählen Sie die Schriftart und legen die Größe in Punkt fest.

Mit dem Farbsymbol ändern Sie die Schriftfarbe.

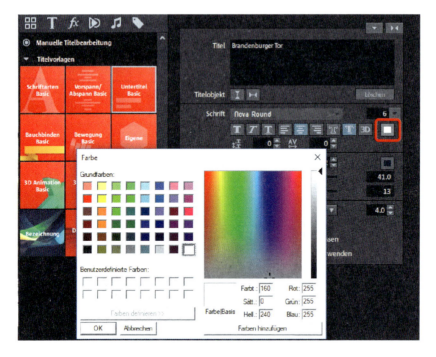

Mit den drei Schaltflächen oben links können Sie den Schriftschnitt festsetzen: fett, kursiv und unterstrichen.

Außerdem gibt es noch die Möglichkeit, den Titel linksbündig, mittig oder rechtsbündig auszurichten. Dies ist sinnvoll bei längeren Titeln, die durch Absätze voneinander getrennt werden.

Mit den Schaltflächen rechts fügen Sie die Effekte Umrandung, Schatten und 3D hinzu.

Die Ergebnisse sind abhängig von der verwendeten Schriftart und können mit den Optionen im Titeleditor noch genauer eingestellt werden. So lässt sich zum Beispiel die Schattengröße verändern oder die 3D-Ausrichtung festlegen.

Über die beiden Schaltflächen zum Zentrieren platzierenSie Ihren Titel mittig auf dem Bildschirm – sowohl in horizontaler als auch in vertikaler Richtung..

Unter **ANIMATION** stellen Sie schließlich ein, ob Ihr Text eine Laufrichtung haben soll.

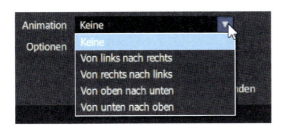

Titel löschen

Wenn Sie den Titel komplett löschen wollen, können Sie dazu im Titeleditor die
LÖSCHEN-Schaltfläche nutzen.

Es geht aber auch einfacher. Titel sind ganz normale Objekte wie Fotos oder Videos.
Sie können also auch das Titelobjekt in der Spur auswählen und die Entf-Taste Ihrer
Tastatur drücken.

Titel nachträglich ändern

Zum Bearbeiten eines bestehenden Titels gibt es verschiedene Möglichkeiten.

▸ Zum Ändern der Bildposition klicken Sie auf den Titel im Vorschaumonitor.
  Dadurch wird das dazugehörige Titelobjekt in der Spur ausgewählt und der
  Positionsrahmen angezeigt, mit dem Sie den Titel im Bild verschieben können.
▸ Zum Ändern der Texteigenschaften doppelklicken Sie auf das Titelobjekt in der
  Spur. Dadurch wird der Titeleditor mit den aktuellen Einstellungen geöffnet.

Neben der Möglichkeit, im Titeleditor die genaue Länge des Titels in Sekunden
einzugeben, können Sie das Titelobjekt auch direkt in der Spur verlängern oder
kürzen.

▸ Ziehen Sie dazu einfach an der rechten Objektkante des Titels. Nach links wird der
  Titel verkürzt, nach rechts verlängert.

Titel lassen sich wie andere Objekte ein- und ausblenden.

▸ Fassen Sie dazu die oberen Objektanfasser und ziehen Sie diese nach innen.

Tipp: Zur Arbeit mit den Objekt-Anfassern lesen Sie auch den Abschnitt „Bilder im Timeline-Modus arrangieren" (siehe Seite 40).

Sie können die Titel mit den meisten Effekten aus dem Media Pool belegen. Die Keyframe-Animation ist ebenfalls verfügbar, um den Titel auf verschlungenen Wegen durchs Bild zu bewegen, dynamisch zu vergrößern oder zu verkleinern. Wie dies funktioniert, erfahren Sie später im Effekte-Kapitel (siehe Seite 103).

3D-Titel in MAGIX Photostory Deluxe

Es gibt mehrere Möglichkeiten, wie Sie an dreidimensionale Titel kommen.

- ▶ 3D-Effekt im Titel-Editor (s.o.)
- ▶ 3D-Vorlagen, die Sie einfach in Ihre Photostory ziehen.
- ▶ eigene 3D-Titel mit dem Zusatzprogramm MAGIX 3D Maker. Den MAGIX 3D Maker müssten Sie sich allerdings separat kaufen und installieren.
- ▶ Stereo3D-Titel, die wir Ihnen weiter hinten in einem separaten Kapitel erklären (siehe Seite 289). .

Die 3D-Vorlagen finden Sie im Media Pool unter **TITELVORLAGEN**.

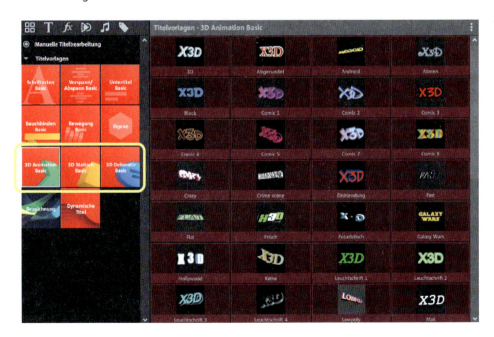

- ▶ Ziehen Sie die gewünschte Vorlage wie gewohnt in die Timeline.

Tipp: Sollten Sie MAGIX 3D Maker installiert haben, lesen Sie jetzt den Abschnitt „3D Titel in MAGIX 3D Maker" (siehe Seite 92).

▸ Geben Sie im Vorschaumonitor ein, welcher Text angezeigt werden soll.

Auf diese Weise haben wir hier einen einfachen, dreidimensional animierten Titel erzeugt:

Der Titeleditor lässt sich bei den 3D-Vorlagen nicht einsetzen. Sie können lediglich eine andere Vorlage auswählen, wenn Ihnen die Schriftart oder die Formatierung nicht gefällt. Zur detaillierten Bearbeitung der Texteigenschaften benötigen Sie das Zusatzprogramm MAGIX 3 D Maker (siehe Seite 92).

Bei rotierenden Vorlagen ist es möglich, auf der Vorderseite des rotierenden Titels einen anderen Text als auf der Rückseite zu zeigen. Tragen Sie in solchen Fällen den Text für die Vorderseite in die obere Zeile im Texteingabefeld und den Text für die Rückseite in die untere Zeile ein.

3D-Titel in MAGIX 3D Maker

Das Zusatzprogramm MAGIX 3D-Maker bietet erweiterte Optionen zur Gestaltung von 3D-Titeln. Sie können Textformate, Farben, Größen, Kanten, Schatten und andere Eigenschaften einstellen.

MAGIX 3D-Maker lässt sich über die MAGIX-Homepage erwerben. Nach der Installation wird das Zusatzprogramm direkt in MAGIX Photostory Deluxe zur Erstellung und Bearbeitung von 3D-Titeln verwendet. Beim Drag & Drop eines 3D-Titels erscheint ein entsprechender Hinweisdialog:

Nach der Bestätigung mit **OK** öffnet sich das Programmfenster von MAGIX 3D Maker.

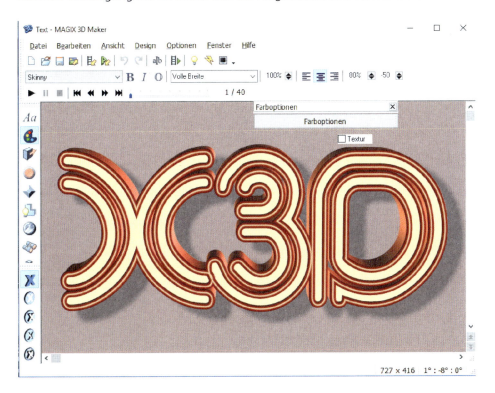

Textoptionen

Die **TEXTOPTIONEN** erreichen Sie über das oberste Symbol am linken Rand.

Aa

▸ Geben Sie wie bei einer Textverarbeitung den Text Ihres 3D-Titels ein und wählen Sie Schriftart und Schriftgröße für die ausgewählten Buchstaben.

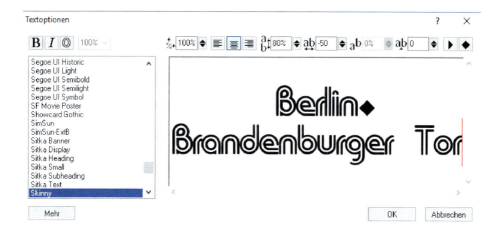

Beachten Sie bei rotierenden Titeln, dass die Wörter vor dem Rauten-Symbol auf der einen Seite und die Wörter hinter dem Rauten-Symbol auf der anderen Seite Ihrer Animation erscheinen.

Farboptionen

Über das zweite Symbol am linken Rand erreichen Sie die **FARBOPTIONEN**.

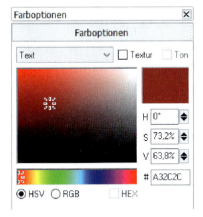

Hier stellen Sie ein, in welcher Farbe Ihr 3D-Text erscheint.

Unten wählen Sie die Grundfarbe und oben justieren Sie die Farbe fein. Ihre Änderungen werden sofort übernommen.

Extrusionsoptionen

Die **EXTRUSIONSOPTIONEN** erreichen Sie über das dritte Symbol.

„Extrusion" meint hier die Ausdehnung der zweidimensionalen Schrift in die dritte Dimension.

Entsprechend stellen Sie hier ein, wie breit der 3D-Effekt sein soll, also quasi die Tiefe Ihres 3D-Titels. Außerdem können Sie bestimmen, ob der Titel MATT oder GLÄNZEND sein soll.

Designoptionen

Die vierte Schaltfläche öffnet die DESIGNOPTIONEN.

Hier können Sie Ihrem Text ein bestimmtes Design verpassen, so dass dieser z. B. kreisrund verläuft.

Kantenoptionen

Das fünfte Symbol öffnet die KANTENOPTIONEN.

Unter den KANTENOPTIONEN stellen Sie ein, wie die Kanten Ihres Textes aussehen sollen.

Schattenoptionen

Als Nächstes kommt das Symbol für die SCHATTENOPTIONEN.

Hier können Sie Ihrem Text einen Schatten geben. Dafür gibt es zwei Möglichkeiten, die Sie unter STIL auswählen.

Texturoptionen

Dann folgen die TEXTUROPTIONEN.

Hier können Sie eine Textur auf Ihren Text legen.

Eine Textur kann man sich wie eine Tapete vorstellen, die auf den Text gelegt wird.
Als Textur kann prinzipiell jede Grafikdatei verwendet werden, wobei insbesondere
hintereinander schaltbare Muster geeignet sind.

Ansichtsoptionen

Danach die ANSICHTSOPTIONEN:

Hier können Sie die horizontale (X-POSITION) bzw. vertikale (Y-POSITION) Lage der
Schrift, den Rotationswinkel und den Punkt des Betrachters (ANSICHTSPUNKT)
festlegen. Ein Gitternetz sorgt für Orientierung.

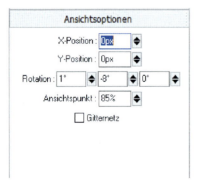

Animationsoptionen

Und schließlich die Animationsoptionen:

Die **ANIMATIONSOPTIONEN** sind so etwas wie der Kern des 3D Maker. Denn ohne Animation hätten Sie ja nur einen dreidimensionalen Text.

Unter **BILDER PRO ZYKLUS** und **BILDER PRO SEKUNDE** stellen Sie ein, wie lang Ihre Animation sein soll. Um eine flüssige Bewegung zu garantieren, empfehlen sich 25 Bilder pro Sekunde. Soll Ihre Animation dann drei Sekunden dauern, so müssten Sie 75 (3 mal 25) Bilder pro Zyklus auswählen.

Unter **PAUSE** geben Sie an, ob Ihre Animation zwischen den Zyklen eine Pause machen soll und wie lang diese ist.

Unter **STIL** wählen Sie aus, wie Ihre Animation überhaupt aussehen soll. Über die **AUSWAHL**-Schaltfläche können Sie eine bestimmte Animationsvorlage auswählen. So können Sie auch selbst erstellte Animationsvorlagen verwenden.

Über die vier Schaltflächen bei **TEXT** und **LICHT** wählen Sie aus, wie sich der Text bzw. das Licht, das auf den Text scheint, verhalten soll.

Wenn Sie die Option **NUR STIRNSEITE** auswählen, wird nur die Vorderseite der Animation angezeigt.

Animation in MAGIX Photostory Deluxe übernehmen

Wenn Sie Ihre Bearbeitungen abgeschlossen haben, schließen Sie MAGIX 3D Maker einfach wieder über das Menü DATEI > BEENDEN. Ihre Animation wird automatisch in MAGIX Photostory Deluxe übernommen.

Tipp: Wenn Sie Ihre Animation im Nachhinein erneut bearbeiten möchten, doppelklicken Sie einfach auf das Titelobjekt.

Weitere Tipps & Tricks

Schilder integrieren: Nutzen Sie die Möglichkeiten „natürlicher" Titel. Halten Sie beim Fotografieren Ausschau nach aussagekräftigen Plakaten, Ortsschildern, Schildern an Gebäuden, Straßenschildern... Auch Titelseiten von Lokalzeitungen und Ähnliches sind interessant. Fotografieren Sie Schilder und Texte, um sie später in Ihrer Photostory statt eines Titelobjekts zu verwenden. Denn ein im Titeleditor geschriebener Titel stellt immer einen künstlichen Eingriff in den Fluss der Bilder dar.

Hierzu noch ein Extra-Tipp: Stellen Sie in MAGIX Photostory Deluxe am Anfang das fotografierte Schild als Ausschnitt in Vollbildansicht dar und zoomen Sie nach ein paar Sekunden langsam auf das komplette Bild. Wie Sie einen solche Zoomfahrt machen, erfahren Sie im Effektekapitel (siehe Seite 103).

Beispiel: Am Anfang wird das Schild in Großansicht gezeigt und am Ende, nach der Zoomfahrt, sieht man dann das komplette Bild:

Nun könnten gut weitere Detailfotos vom Berliner Gendarmenmarkt folgen.

Titel zu Bildelementen arrangieren: Achten Sie darauf, dass Ihr Titel nicht wichtige Bildelemente überdeckt. Vielleicht können Sie ihn sogar auf reizvolle Art mit Bildelementen in Verbindung bringen.

Im Beispiel haben wir den Titel farblich an den Himmel angepasst und links an den Händen der Protagonistinnen, rechts an der Oberkante des Brandenburger Tors ausgerichtet.

Lange Titel in zwei Teiltitel zerlegen: Halten Sie Ihre Texte so knapp wie möglich. Die Informationen sollten mit einem einzigen Blick erfassbar sein. Wenn das nicht geht, empfiehlt es sich, statt eines langen Titels zwei kürzere Teiltitel hintereinander zu stellen.

Zunächst wird der erste Teiltitel eingeblendet und wieder ausgeblendet, dann folgt der zweite.

Schwarzbilder mit Titeln erzeugen: Schwarzbilder stammen aus der Videobearbeitung. Sie ermöglichen auf elegante Weise, Einschnitte bzw. Sinnsprünge zu markieren. Dabei wird zwischen zwei Abschnitten der zu trennenden Filmsequenzen ein Schwarzbild eingefügt, das für ein kurzes Innehalten beim Betrachter sorgt.

In MAGIX Photostory Deluxe können Sie Schwarzbilder ganz einfach erzeugen, indem Sie alle nachfolgenden Objekte etwas nach hinten verschieben und eine Lücke entstehen lassen. Wenn Sie in der Lücke einen Titel zeigen möchten, ziehen Sie ein Titelobjekt in die Lücke.

Achten Sie darauf, die beiden Fotos vor und hinter der Lücke sowie den Titel selber sanft aus- und einzublenden.

Mithilfe von Farbflächen (siehe Seite 189) können Sie den Hintergrund eines solchen Trenners auch farbig gestalten. Ziehen Sie die Farbfläche auf die Lücke und passen Sie die Länge an. Sie finden die Farbflächen im Effekte-Reiter unter GESTALTUNG > HINTERGRÜNDE.

Beschreibungen vermeiden: Wiederholen Sie im Titel nicht das, was im Bild sowieso zu sehen ist. Ergänzen Sie lieber wichtige Informationen, die man im Bild nicht oder nicht auf den ersten Blick findet.

RTF-Dateien benutzen: MAGIX Photostory Deluxe unterstützt Textdateien im RTF-Format und wandelt diese beim Import aus dem Media Pool automatisch in Titelobjekte um. Sie können also längere Titeltexte auch in einem Textverarbeitungsprogramm schreiben und formatieren, dann im RTF-Format abspeichern und in MAGIX Photostory Deluxe importieren.

Star-Wars-Vorspann: Für den berühmten Star-Wars-Vorspann, bei dem ein gekippter Text von vorn nach hinten durchs Bild fliegt, finden Sie weiter hinten im Effekte-Kapitel (siehe Seite 162) eine genaue Schritt-für-Schritt-Anleitung.

Effekte: von Bildoptimierung bis Kamerafahrt

Bislang haben wir unsere Fotos ausgewählt, in eine sinnvolle Reihenfolge gebracht, die Bildübergänge eingestellt und erklärungsbedürftige Stellen mit Titeln erläutert.

Nun geht es darum, durch geschicktes Einsetzen von Effekten effektiv die Stimmung bzw. Spannung zu heben. Oder auch, kleinere Bildfehler oder Unschönheiten diskret zu retuschieren.

Effekte in der Vollbildansicht

Alle wichtigen Effekte können Sie direkt in der Vollbildansicht einsetzen. Dies hat den Vorteil, dass Sie die Auswirkungen der Effekte in Großansicht am Monitor verfolgen können. Die Vollbildansicht ist außerdem für die Bedienung am Touchscreen optimiert und eignet sich daher besonders für Tablets.

▶ Klicken Sie auf die FX-Schaltfläche in der Transportkontrolle, um in die Vollbildansicht zu schalten.

Die verfügbaren Effekte finden Sie auf der linken Seite. Dieser Bereich wird automatisch ausgeblendet, wenn Sie eine Zeit lang nichts tun. Wenn Sie die Maus bewegen, kommt der Bereich wieder zum Vorschein.

In der Vollbildansicht verfügen Sie über insgesamt 10 Effekte: HELLIGKEIT, KONTRAST (siehe Seite 118), FARBE (siehe Seite 124), GAMMA, HDR (siehe Seite 118), SÄTTIGUNG (siehe Seite 124), KUNSTFILTER (siehe Seite 135), VERZERRUNG (siehe Seite 139), SCHÄRFE (siehe Seite 129) sowie POSITION & GRÖSSE (siehe Seite 145).

Beim Einstellen der Effekte ändern sich auch die Effektdialog-Einstellungen im Media Pool. Es werden also dieselben Effektmodule wie im Media Pool eingesetzt. Nur die Bearbeitungsoberfläche ist anders.

▶ Um die Vollbildansicht wieder zu schließen, doppelklicken Sie oder drücken die Esc-Taste auf Ihrer Computertastatur.

Effekte einstellen

▸ Klicken Sie auf einen Effektkreis, um ihn zu öffnen.

Dabei erscheinen verschiedene Schaltflächen zum Einstellen.

① **EFFEKTREGLER**: Hiermit stellen Sie die Intensität des Effekts ein.

② **AUTOMATIK**: Hier aktivieren Sie die automatische Effekteinstellung.

③ **EIN/AUS**: Hier deaktivieren bzw. aktivieren Sie den Effekt.

④ **ANIMATION**: Hier aktivieren Sie die Keyframe-Animation für den Effekt (s.u.).

⑤ **ZURÜCKSETZEN**: Hier schalten Sie die aktuellen Effekteinstellungen zurück auf die neutrale Anfangseinstellung.

Die Effekte FARBE und HDR bieten zusätzlich ein Sensorpad, um zwei
Effektparameter gleichzeitig einstellen zu können.

Keyframe-Animation

Mit der Keyframe-Animation ändern Sie die Effektdosierung während der
Anzeigezeit, so dass sich eine Effekt-Animation ergibt.

▸ Klicken Sie auf das +-Symbol im Effektkreis, um die Keyframe-Animation zu öffnen.

In der Mitte des Fotos sehen Sie jetzt eine Zeitleiste mit zwei Effektkreisen:

▸ Der Effektkreis links dosiert die Effekteinstellung zu Beginn der Anzeigezeit.
▸ Der Effektkreis rechts dosiert die Effekteinstellung am Ende der Anzeigezeit.

Der Übergang vom Beginn bis zum Ende wird automatisch berechnet. Die Effektkreise lassen sich nach innen scheiben, um ihre zeitliche Position zu ändern, und nach oben, um die Effektintensität an dieser Stelle einzustellen.

Zusätzliche Effektkreise erzeugen Sie über +-Symbol am Effektkreis. Auf diese Weise können Sie jede beliebige Effektkurve erzeugen.

Im folgenden Beispiel sehen Sie eine Effektanimation mit 5 Effektkreisen.

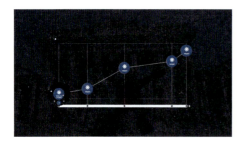 

Die Animation startet sehr dunkel, wird dann auf normale Helligkeit hochgeregelt und endet mit dem fünften Effektkreis bei Weiß.

Weitere Informationen zu der Keyframe-Animation finden Sie weiter hinten im Effekte-Kapitel (siehe Seite 168).

Kamerafahrten

Einen Sonderfall der Keyframe-Animation stellt der Effekt POSITION & GRÖßE dar. Hiermit erstellen Sie virtuelle Kamerafahrten, d.h. Sie wählen einen Bildausschnitt und lassen ihn anschließend durchs Bild wandern. Dabei wird der Bildausschnitt auf Vollbildgröße vergrößert, so dass sich der Eindruck einer Kamerafahrt ergibt.

▸ Führen Sie die Maus auf den Effektkreis POSITION & GRÖßE und öffnen Sie die Keyframe-Animation über das +-Symbol.

Anschließend erreichen Sie die Keyframe-Animation für den Effekt POSITION & GRÖßE.

▶ Stellen Sie zunächst den Bildausschnitt für den Anfang ein und positionieren Sie den Ausschnitt an die Stelle, an der die Animation starten soll.

Anfangs ist es etwas ungewohnt, mit dem Sensorpad die Position und die Größe festzulegen. Aber mit ein wenig Übung werden Sie feststellen, dass diese Arbeitsweise am unkompliziertesten ist.

▶ Nun stellen Sie den Bildausschnitt und die Bildposition für das Ende der Animation ein.

Wenn Sie die Animation abspielen, sehen Sie, wie der Bildauschnitt allmählich durchs Bild wandert (und in unserem Fall außerdem gezoomt wird).

Weitere Informationen zu virtuellen Kamera- und Zoomfahrten finden Sie weiter hinten in diesem Effekte-Kapitel (siehe Seite 152).

Effekte im Media Pool

Wenn Sie im Media Pool oben auf die Schaltfläche **FX** klicken, erreichen Sie die Objekt-Effekte von MAGIX Photostory Deluxe. Diese Effekte können Sie auf ausgewählte Foto- oder Video-Objekte im Storyboard-Modus oder im Timeline-Modus einsetzen.

Zunächst wird das Presets-Verzeichnis geöffnet (siehe Seite 114).

Links können Sie sämtliche verfügbaren Verzeichnisse **BILDOPTIMIERUNG, ANSICHT & ANIMATION, 360°-VIDEO** (siehe Seite 278), **STEREO3D (SIEHE SEITE 281), AUDIO-EFFEKTE (SIEHE SEITE 205)** und **ZUSATZEFFEKTE** erreichen.

Wir stellen Ihnen diese Kategorien zunächst im Überblick vor und erklären danach die einzelnen Effekte.

Bildoptimierung

Unter **BILDOPTIMIERUNG** finden Sie sowohl Effekte, die dazu dienen, die Bildqualität zu verbessern – wie **HELLIGKEIT**, **FARBE** oder **SCHÄRFE** –, als auch „Kreativeffekte" wie Kunstfilter oder Linsenreflexion. Solche Effekte dienen dazu, die Fotos kreativ zu bearbeiten. Die Einträge **PRODAD MERCALLI V2** und Geschwindigkeit lassen sich für Fotos nicht einsetzen, diese Effekte wirken nur auf Videos.

Wir stellen Ihnen die Effekte aus dieser Rubrik in drei verschiedenen Unterkapiteln vor: „Fotos optimieren" (siehe Seite 117), „Fotos kreativ bearbeiten" (siehe Seite 134) und „Effekte für Videos" (siehe Seite 164).

Ansicht & Animation

Bei ANSICHT & ANIMATION geht es darum, die Bilder zu beschneiden oder zu animieren, um aus den Fotos kleine Filme zu machen (siehe Seite 145).

360°-Video

Hier finden Sie die Einstellungsdialoge für 360°-Videomaterial (siehe Seite 278).

Stereo3D

In der Rubrik STEREO3D erzeugen Sie Photostories im Stereo3D-Format (siehe Seite 281).

Audioeffekte

Die Bezeichnung AUDIOEFFEKTE ist etwas irreführend, hier finden Sie nur den RASTMARKER-Dialog, der sich für Audio-Objekte, aber auch für Foto- und Video-Objekte einsetzen lässt.

Um typische Audioeffekte wie Hall, Equalizer, Kompressor oder Entrauschung einzusetzen, nutzen Sie entweder die Funktion TONOPTIMIERUNG (siehe Seite 221) oder TONBEARBEITUNG (EXTERN) (siehe Seite 230).

RASTMARKER dienen dazu, Objekte auf unterschiedlichen Spuren zu synchronisieren. Meist liegen auf der ersten Spur die Fotos und auf anderen Spuren O-Töne, Geräusche oder Musik. Dann können Sie zum Beispiel an der Stelle einer zuklappenden Tür einen Rastmarker setzen und anschließend ein Foto genau an diese Stelle schieben und einrasten lassen.

Um den Bildwechsel automatisch im Takt einer Hintergrundmusik erfolgen zu lassen, empfiehlt sich eine andere Funktion: die MUSIKALISCHE SCHNITTANPASSUNG (siehe Seite 228).

Zusatzeffekte

In dieser letzten Rubrik des FX-Reiters erreichen Sie Ihre externen Effekt-Plug-ins. Dazu müssen solche Plug-ins auf dem Computer installiert sein. Danach können Sie sie über die Schaltlfäche SCANNEN in MAGIX Photostory Deluxe integrieren.

Presets verwenden

Presets benutzen Sie, wenn Sie wenig Zeit investieren wollen und bestimmte Effekteinstellungen suchen. Gerade am Anfang ist es empfehlenswert, erst einmal in den Presets zu stöbern, um ein Gefühl dafür zu bekommen, was alles möglich ist. Vorlagen gibt es für die Effektkategorien BILDOPTIMIERUNG (siehe Seite 117) und ANSICHT & ANIMATION (siehe Seite 145).

Wenn Sie eine Effektvorlage anklicken, wird Ihnen am Videomonitor ein Vorher/Nachher-Bild gezeigt.

Hier sehen Sie z. B. eine Vorher/Nachher-Ansicht des Effekts ALTES BILD SEPIA, den Sie unter den Vorlagen für die BILDOPTIMIERUNG finden.

Sie können jede Effektvorlage direkt mit der Maus aus dem Media Pool auf ein Foto ziehen.

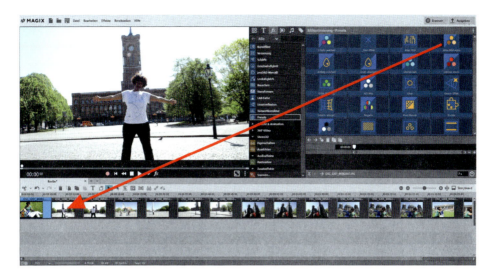

Der Effekt wird sofort auf das Bild angewendet. Sie sehen das Ergebnis am Videomonitor.

Wenn die Vorlagen zu keinen befriedigenden Ergebnissen führen oder wenn Sie bestimmte Vorstellungen haben, für die sich keine passende Vorlage findet, stellen Sie die Effekte selber per Hand ein.

Effekte kombinieren

Die Effekte können selbstverständlich auch kombiniert werden.

Hier sehen Sie z. B. eine Kombination des Effekts **ALTES BILD SEPIA** (unter **BILDOPTIMIERUNG** > **PRESETS**) mit dem Effekt **LINSE** (unter **BILDOPTIMIERUNG** > **VERZERRUNG**).

Effekte löschen

Um die Effektbelegung eines Objekts zu löschen, klicken Sie mit der rechten Maustaste auf das Objekt und wählen Sie aus dem Kontextmenü **EFFEKTEINSTELLUNGEN** > **ZURÜCKSETZEN**.

Um einzelne Effekte zu löschen, müssen Sie den jeweiligen Effektdialog öffnen. Jede Vorlage besteht aus bestimmten Einstellungen der Effektdialoge. Dazu kommen wir gleich.

Effekteinstellungen auf andere Fotos übertragen

Sie können eine bestehende Effekteinstellung im Kontextmenü auch auf andere
Fotos übertragen. Dies ist vor allem praktisch, wenn Sie z. B. alle Fotos mit dem
gleichen Wert aufhellen möchten, weil diese unter denselben schlechten
Lichtverhältnissen entstanden sind.

AUF ALLE ANWENDEN übernimmt die Effekteinstellungen des aktuell ausgewählten
Objekts für alle Objekte der Photostory.

AUF ALLE FOLGENDEN OBJEKTE ANWENDEN übernimmt die Einstellungen nur für
die Objekte, die sich hinter dem ausgewählten Objekt befinden.

Fotos optimieren

Der erste Punkt im Reiter Effekte, BILDOPTIMIERUNG (siehe Seite 112), widmet sich den klassischen Fehlern, die bei der Aufnahme von Bildern entstehen, bietet aber auch Möglichkeiten, Bilder bewusst zu verändern.

Helligkeit und Kontrast

Eines der häufigsten Probleme von Innenaufnahmen sind die Lichtverhältnisse. Natürlich gibt es die Möglichkeit, mit Blitz zu fotografieren, nur haben Blitz-Fotos oft eine Kälte, die der Situation nicht gerecht wird. Nehmen Sie z. B. ein launiges Beisammensein bei Kerzenschein. Das Verwenden eines Blitzes würde sofort die Kerzenschein-Atmosphäre kaputt machen. Leider fangen viele Kameras nicht genug Licht ein, so dass Bilder ohne Blitz schlicht und ergreifend zu dunkel sind.

Umgekehrt gibt es auch das Problem, dass manche Bilder überbelichtet sind, z. B. weil bei Außenaufnahmen die Sonne zu stark schien. All dies können Sie unter dem Punkt HELLIGKEIT korrigieren.

Unterbelichtung
Ein typisches Beispiel. Eigentlich waren die Lichtverhältnisse gut, aber leider liegt das Entscheidende im Schatten. Schon sieht das Foto schnell zu dunkel aus.

Es muss also die Helligkeit erhöht werden.

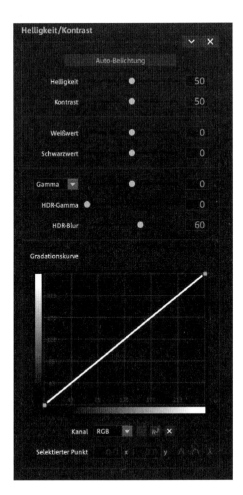

Mit der Gradationskurzve können Sie die Helligkeit und den Kontrast sehr intuitiv einstellen. Klicken Sie einfach auf die Kurve, lassen sie die Maustaste gedrückt und ziehen Sie sie so, bis das Bild gut aussieht.

Auch die Schaltfläche AUTO-BELICHTUNG kann gute Ergebnisse erzielen. Probieren Sie es einfach aus.

Schon sieht unser Bild wesentlich ausgeglichener aus.

Teilweise Unterbelichtung

Auch bei Außenaufnahmen, bei denen eigentlich genug Licht vorhanden ist, können Unterbelichtungen auftreten. Nehmen wir dieses Beispiel:

Das Gesicht der Frau ist unterbelichtet. Um eine solche Unterbelichtung zu entfernen, empfiehlt es sich, den GAMMA-Wert zu verändern. Dabei wird der mittlere Grauwert geändert, der sich aus verschiedenen Farbbereichen errechnet. Im

Gegensatz zu HELLIGKEIT werden dabei nicht alle Bildbereiche gleichermaßen verändert, was oft zu einem besseren Ergebnis führt.

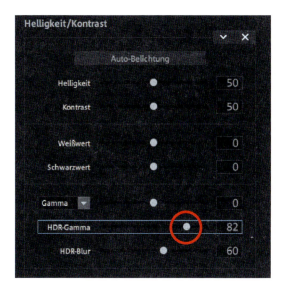

Das Bild wirkt bei einem Wert zwischen 80 und 90 immer noch natürlich. Die Frau im Mittelpunkt ist nun wesentlich besser zu erkennen.

Überbelichtung

Auch kann es vorkommen, dass Bilder zu hell werden, wenn z. B. draußen die Sonne
zu stark scheint. Nehmen Sie dieses Bild:

Wir haben an sich ein schönes Motiv, das jedoch leider überbelichtet ist. Man kann
überbelichtete Bilder zwar nicht so gut korrigieren wie unterbelichtete Bilder, ein
wenig Verbesserung ist dennoch möglich.

In diesem Fall schieben wir den Regler für HELLIGKEIT nach links, etwa auf den Wert
35. Da unser Bild sonst einfach nur dunkler wirken würde, müssen wir den
KONTRAST etwas erhöhen, etwa auf 60. Außerdem setzen wir noch die GAMMA auf
den Wert -60.

Unser Ergebnis ist nun zwar nicht perfekt, aber immerhin konnten wir ein überbelichtetes Bild mit einem schönen Motiv wieder ansehnlich machen:

HDR-Effektbearbeitung

Die beiden High-Dynamic-Range-Effektregler dienen dazu, die Helligkeitsunterschiede im Bild zu bearbeiten. **HDR GAMMA** hellt sehr dunkle Bereiche auf und verleiht dem Bild eine ausgewogenere Erscheinung. **HDR BLUR** verändert die Übergänge zwischen hellen und dunklen Bereichen.

Links das Originalbild, rechts mit HDR bearbeitet.

Farbe

Die Rubrik **FARBE** bietet neben der Farboptimierung auch viele gestalterische Möglichkeiten. Außer der simplen Korrektur von Bildfehlern – wie den berüchtigten „Roten Augen", die durch Blitzlicht entstehen – können Sie Farbstiche entfernen oder umgekehrt welche hinzufügen, um aus normalen Fotos bunte Andy-Warhol-Varianten zu erzeugen.

Aus einem – z. B. durch lange Lagerung als Papierbild – grünstichigen Bild…

…wird durch eine Erhöhung des Rotwertes (im Beispiel um 12, zusammen mit einer leichten Erhöhung der Kontraste um 10) schnell ein farblich passables Bild:

Durch eine weitere Erhöhung des Rotwertes (um 27), in Kombination mit einem Absenken des Grünwertes (um 25), erscheint dasselbe Motiv dann durch die rosarote Brille:

Und hier die einzelnen Optionen des Farbeffekt-Dialogs im Detail:

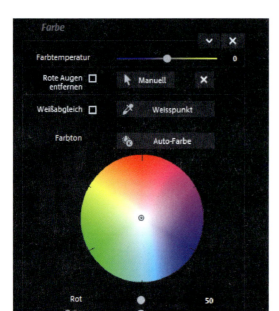

ROTE AUGEN ENTFERNEN: Hier erhalten Sie ein Rechteck-Werkzeug, mit dem Sie den Bereich der roten Augen markieren.

WEISSABGLEICH ermöglicht, unnatürliche Farben von Aufnahmen bei ungünstigen Lichtverhältnissen zu verbessern. Klicken Sie dazu zunächst auf die Schaltfläche **WEISSPUNKT**, um im Videomonitor den Punkt zu markieren, der in der Natur weiß ist. MAGIX Photostory Deluxe berechnet dann die korrekten Farbwerte für den Rest des Bildes.

Tipp: Nehmen Sie einmal statt einen weißen einen andersfarbigen Punkt! Sie können wilde Farbeffekte erzielen.

AUTO-FARBE: Hier kommt eine automatische Farboptimierung zum Einsatz, die für viele Fälle schnelle und gute Abhilfe schafft.

Tipp: Für diese Farbkorrekturen können Sie auch die mitgelieferten Hilfsprogramme MAGIX Foto Manager oder MAGIX Foto Designer nutzen. Sie bieten detailliertere Korrekturmöglichkeiten.

FARBTON: Auf dem Farbkreis können Sie den Farbton zur Nachfärbung des Bildes auswählen.

SÄTTIGUNG: Über diesen Schieberegler erhöhen bzw. reduzieren Sie die Farbanteile des Bildes. Dabei werden die Farbveränderungen automatisch in Kombination mit anderen Parametern (z. B. Kontrast) vorgenommen, um eine möglichst natürliche Färbung zu erreichen. Mit etwas Experimentierfreude erreichen Sie die erstaunlichsten Ergebnisse – von ahnungsvoller Herbststimmung im Sommerbild bis hin zu schräger PopArt.

Farbänderung

Die FARBÄNDERUNG hilft Ihnen dabei, einzelne Farben oder Farbräume in einem Bild anders einzufärben. Das ist z. B. dann sinnvoll, wenn Sie einen grauen Himmel blau machen möchten oder ein blasses Grün von Bäumen satter erscheinen lassen möchten. Nehmen wir als Beispiel dieses Bild:

Hier sind die Farben des Himmels zu dunkel und blass. Ansosnten ist das Bild aber recht stimmungsvoll.

▶ Wechseln Sie in den FARBÄNDERUNG-Bereich im Media Pool.

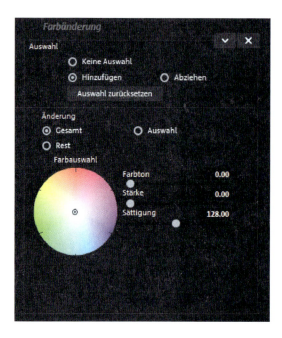

▶ Klicken Sie nun im Vorschaumonitor auf den Farbton, den Sie ändern möchten. Es werden alle Stellen, die einen ähnlichen Farbton haben, ausgewählt.

▶ Wenn Sie mehr als einen Farbbereich bearbeiten möchten, klicken Sie einfach nach und nach die Farbtöne an, die angepasst werden sollen. Haben Sie mal eine Farbe zuviel ausgewählt, können Sie unter AUSWAHL den Punkt ABZIEHEN einstellen und die betroffene Farbe wieder abwählen.

▸ Sie können nun mithilfe des FARBAUSWAHL-Rades die neue Färbung des
markierten Bereichs einstellen.

Der obere linke Bereich unseres Bildes z. B. bekommt eine stärkere Blaufärbung und
wirkt dadurch etwas freundlicher.

Schärfe

Verschwommene Bilder entstehen häufig, wenn die Kamera aus Versehen etwas
anderes fokussiert hat als man eigentlich im Mittelpunkt haben wollte. Nehmen wir
diese Aufnahme vom Roten Rathaus am Alexanderplatz.

Wegen der Laterne und Bäume vor dem Rathaus ist dieses nur verschwommen im Hintergrund zu sehen. Hier hilft der SCHÄRFE-Dialog.

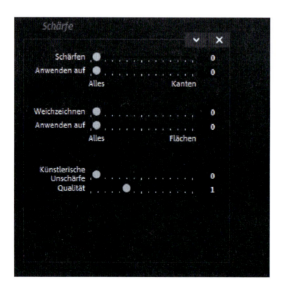

Dank des höheren Schärfe-Wertes sind die Bäume rechts nun viel klarer, und das gesamte Bild wirkt nicht mehr so verschwommen.

Bei so stark verschwommenen Bildelementen wie den Radfahrern rechts im Bild hilft leider auch das beste Schärfen nichts. Eine Verbesserung ist aber selbst dort zu erkennen.

Über den Regler WEICHZEICHNEN erzielen Sie das Gegenteil: Das Bild wird unscharf. Die KÜNSTLERISCHE UNSCHÄRFE bietet ein alternatives, wesentlich stärkeres Weichzeichnen. Dieser Verfremdungseffekt ist besonders im Zusammenhang mit

Bildmontagen oder einer Keyframe-Animation (siehe Seite 168) interessant, bei der das Bild langsam von scharf nach unscharf oder umgekehrt überblendet wird.

Lookabgleich

Wenn Sie Fotos aus unterschiedlichen Kameras oder Aufnahmesituationen verwenden, kann es sein, dass die Fotos unterschiedlich aussehen. Manche wirken farbgesättigt und kontrastreich, andere sind fast monochrom usw.

In solchen Fällen können Sie den „Look" der Fotos vereinheitlichen. Zunächst stellen wir Ihnen den LOOKABGLEICH aus dem Effekte-Reiter vor, im Anschluss dann die Vorlagen für FILM- und FOTOLOOKS. Denn diese beiden Funktionen machen etwas sehr Ähnliches.

Mit dem LOOKABGLEICH können Sie Helligkeit, Farben und Kontraste von einem Foto auf das andere übertragen.

▸ Markieren Sie zunächst die Objekte, deren Look angepasst werden soll, und achten Sie darauf, dass diese Objekte während des Lookabgleichs durchgehend markiert bleiben.
▸ Öffnen Sie den Dialog LOOKABGLEICH.

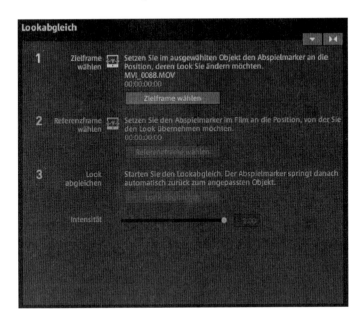

Effektdialog

▸ Setzen Sie den Abspielmarker über ein markiertes Objekt an eine Stelle, die
typisch für die Bildeigenschaften Ihres Originalmaterials ist, und klicken Sie auf
ZIELFRAME WÄHLEN.

Zielframe

▸ Setzen Sie den Abspielmarker über ein anderes Objekt, dessen Bildeigenschaften
Sie auf die markierten Objekte übertragen wollen, und klicken Sie auf
REFERENZFRAME WÄHLEN.

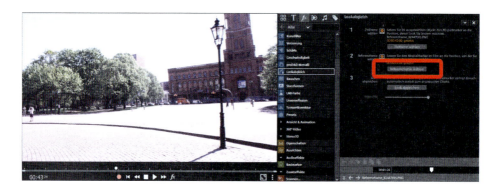

Referenzframe

▸ Klicken Sie auf LOOK ABGLEICHEN.

Nun werden alle markierten Objekte entsprechend der Auswahl geändert.

Ergebnis

Tipp: Im Vorlagenverzeichnis finden Sie Vorlagen für Fotolooks und Filmlooks, mit denen Sie, ganz ähnlich wie hier beim Lookabgleich, den Fotos eine einheitliche Ästhetik verpassen können (siehe Seite 187).

LAB-Farbe

Als „LAB-Farbraum" wird ein technisches Verfahren bezeichnet, um die Farbwahrnehmung zu beschreiben. Damit kann zum Beispiel die Helligkeit oder die Sättigung korrigiert werden, ohne die Farben wahrnehmbar zu beeinflussen, oder umgekehrt: Ein Farbstich lässt sich ohne Helligkeitsänderung korrigieren.

Tonwertkorrektur

Die Tonwertkorrektur ist ein weiterer, hochwertiger Korrekturfilter zur Anpassung von Farben und Helligkeiten.

Damit gibt es eine ganze Reihe von Möglichkeiten, Farben und Helligkeiten zu bearbeiten: die Dialoge FARBE, FARBÄNDERUNG, LAB-FARBE und TONWERTKORREKTUR. Welche soll man wählen? Das lässt sich nicht von vornherein sagen und ist auch Geschmackssache. Am besten Sie probieren die Möglichkeiten aus, bis Sie Ihren Favoriten gefunden haben.

Fotos kreativ bearbeiten

Einige Effekte aus der Rubrik BILDOPTIMIERUNG zielen nicht darauf, Bildfehler zu korrigieren. Bei ihnen geht es darum, ein Bild zu verfemden und bewusst anders aussehen zu lassen. Wir betreten also die Bühne der künstlerischen Bildgestaltung.

Kunstfilter

Mit den verschiedenen Kunstfiltern verfremden Sie Ihr Bild auf verschiedene Weise.

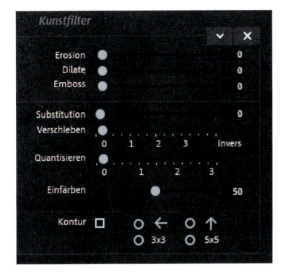

Erosion

EROSION rastert das Bild in immer gröbere Rechtecke.

Links das Originalbild, rechts das Bild mit 70 % Erosion.

Dilate

DILATE arbeitet ähnlich wie Erosion, verwendet zur Bildung der Rechtecke aber helle statt dunkle Flächen.

Links das Originalbild, rechts das Bild mit 40 % Dilate.

Emboss

EMBOSS bildet ein Relief aus den Bildkanten, wobei alle starken Kontrastunterschiede als Kanten interpretiert werden.

Links das Originalbild, rechts das Bild mit 80 % Emboss.

Substitution

SUBSTITUTION tauscht die Farbwerte des Bildes aus. Über den Schieberegler ändern Sie diese kontinuierlich. Schnell entstehen surreale Landschaften oder ein grünes Gesicht.

Links das Originalbild, rechts das Bild mit 80 % Substitution.

Verschieben

VERSCHIEBEN kehrt die Farbwerte um, bis sie unter INVERS negativ erscheinen.

Links das Originalbild, rechts das Bild um den Wert 2 verschoben. Sie sehen, dass sich vor allem die Farben stark ändern, während das Grau der Statuen nahezu unverändert bleibt.

Quantisieren

QUANTISIEREN reduziert nach und nach die Farben im Bild. Dabei entstehen effektvolle Rasterungen und Muster.

Links das Originalbild, rechts das Bild mit einem Quantisieren-Wert von 3.

Einfärben

EINFÄRBEN ändert die Farben bestimmter Bereiche.

Links das Originalbild, rechts das Bild mit 80 % Einfärbung.

Kontur

KONTUR reduziert das Bild auf seine Kanten, ähnlich wie EMBOSS. Hier können Sie zwischen HORIZONTAL und VERTIKAL und den Größen 3X3 oder 5X5 wählen.

Links das Originalbild, rechts das Bild mit einer 5x5-Kontur.

Verzerrung

Mit der Option VERZERRUNG verformen Sie Ihr Bild auf verschiedene Arten.

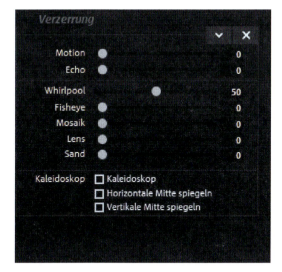

Motion

Der Effekt MOTION ist eigentlich ein Videoeffekt, falls Sie Videos in Ihre Photostory einbinden. Er verfremdet die Farben bewegter Bildinhalte. Sie können ihn jedoch auch auf schnell animierte Fotos anwenden, wobei sich ein extremer, sehr dunkler Effekt ergibt. Unbewegte Fotos sind ungeeignet, sie werden einfach nur schwarz.

*Links das Originalbild, rechts das Bild mit **MOTION**-Effekt während einer Zoomfahrt.*

Echo

ECHO ist ebenfalls ein Videoeffekt und erzeugt eine Bildwiederholung bei Bewegungen, indem vorherige Bilder stehen bleiben und erst langsam verschwinden. Dieser Effekt lässt sich besser als MOTION auch auf animierte Fotos anwenden.

Links das Originalbild, rechts das Bild mit einem Zoom-Effekt und 30 % Echo.

Whirlpool

WHIRLPOOL verzerrt Bilder strudelförmig. Ohne Verzerrung steht der Schieberegler in der Mitte und dreht das Bild links oder rechts herum.

Links das Originalbild, rechts das Bild mit 55 % Whirlpool-Wert.

Fisheye

FISHEYE simuliert eine Fischaugen-Linse, mit welcher das Bild aus der Mitte heraus stark verzerrt wird.

Links das Originalbild, rechts das Bild mit einem Fisheye-Wert von 50 %.

Mosaik

MOSAIK verwandelt das Bild in Quadrate. Je höher der Wert, desto größer werden die Quadrate.

Links das Originalbild, rechts das Bild mit einem Mosaik-Wert von 20 %.

Lens

LENS verzerrt das Bild linsenförmig von den Rändern aus.

Links das Originalbild, rechts das Bild mit einem Lens-Wert von 50 %.

Sand

SAND zeigt das Bild gekörnt, bis bei Maximalstellung fast nur noch Rauschen zu erkennen ist.

Links das Originalbild, rechts das Bild mit einem Sand-Wert von 80 %.

Kaleidoskop

KALEIDOSKOP spiegelt das Bild sowohl horizontal als auch vertikal.

HORIZONTALE MITTE SPIEGELN spiegelt das Bild an einer senkrecht verlaufenden Spiegelkante.

VERTIKALE MITTE SPIEGELN spiegelt das Bild an einer waagerecht verlaufenden Spiegelkante.

Links das Originalbild, rechts das Bild mit einem Kaleidoskop-Effekt.

Rauschen

Dieser Filter fügt dem Bild ein künstliches Farbrauschen hinzu. Er dient der Bildverfremdung und ist damit ein Kreativeffekt. Der Schieberegler RAUSCHPEGEL stellt die Intensität ein, ANIMIEREN sorgt für ein Flimmern.

Stanzformen

Die STANZFORMEN sind ein Open-FX-Plug-in, das zunächst über die Schaltfläche EFFEKT ANWENDEN aktiviert werden muss. Danach erreichen Sie den Effektdialog.

Das Objekt wird in der Voreinstellung kreisförmig ausgestanzt. Die verwendete Stanzform lässt sich beliebig anpassen.

Effektdialog mit kreisförmiger Stanzform

STANZFORMEN entspricht dem Cropping: Ein bestimmter Bildausschnitt wird aus dem Bild gestanzt, die umgebende Bildumgebung wird mit Schwarz gefüllt.

▸ Mit dem **FEDER**-Schieberegler können Sie eine Randunschärfe für die Stanzform einstellen.

▸ **X WIEDERH.** und **Y WIEDERH.** ermöglichen die mehrfache Anwendung der Stanzform im Bild (waagerecht bzw. senkrecht).

▸ **GRÖSSE** verändert die Größe der Stanzform.

▸ Ganz unten, in den Parametern zur Bildposition, lässt sich die Stanzform im Bild verschieben.

Stanzform mit zweifacher Wiederholung und Randunschärfe als Fernglas-Effek

Linsenreflexion

Die **LINSENREFLEXION** ist ein Spezialeffekt zur Erzeugung von kreisförmigen Lichtreflexionen, wie sie von Kameralinsen produziert werden. In diesem Fall werden also nicht typische Bild-Artefakte beseitigt, sondern umgekehrt, zur Erzeugung impressionistisch-magischer Stimmungen, typische Bild-Artefakte nachträglich hinzugefügt.

Wieder handelt es sich um ein Open-FX-Plug-in, das zunächst über die Schaltfläche
EFFEKT ANWENDEN aktiviert werden muss. Danach erreichen Sie den Effektdialog.

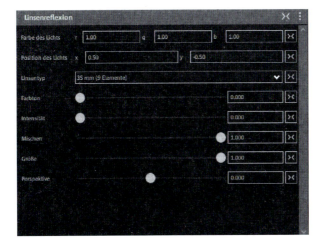

Effektdialog

Neben der Anzahl der Reflexionen (**LINSENTYP**) können Sie anhand der Koordinaten
X und **Y** die Reflexionen im Bild positionieren, den **FARBTON**, die **GRÖSSE**, die
INTENSITÄT und die **PERSPEKTIVE** ändern sowie die Reflexionen mit dem Bild
MISCHEN.

Beispiel für Linsenreflexionen

Animieren, drehen, verzerren oder beschneiden

In der Rubrik ANSICHT & ANIMATION geht es einerseits um Bildausschnitte, Verkleinerungen, Spiegelungen, gekippte und gedrehte Bilder, andererseits um Bewegung im Bild. Oft wählen Sie einen bestimmen Ausschnitt zu dem Zweck, den Ausschnitt durchs Bild zu bewegen. Daher gehören beide Bearbeitungen Ansicht und Animation zusammen und werden in einer gemeinsamen Kategorie angeboten.

Fotos beschneiden

Die Option AUSSCHNITT ermöglicht Ihnen, das Bild zu beschneiden. Anschließend wird nur der beschnittene Teil des Bildes angezeigt, .

Am schnellsten funktioniert dies über die Anfasser, die im Vorschaumonitor angezeigt werden.

▶ Ziehen Sie einfach einen der Anfasser in die Bildmitte. Dabei verändert sich der Anfasser in einen Doppelpfeil.

▶ Verschieben Sie anschließend den verkleinerten Ausschnitt, indem Sie innerhalb des Rahmens klicken und diesen bei gehaltener Maustaste verschieben. Dabei wird der Mauszeiger zu einem Vierfachpfeil.

▶ Klicken Sie auf die das Kästchen vor dem Punkt VORSCHAU im Media Pool, um zu sehen, wie das Foto in dem ausgewählten Ausschnitt aussieht.

Wenn Sie nun Ihre Photostory abspielen, wird das Bild so, wie es im Positionsrahmen erscheint, dargestellt.

Sie können den Bildausschnitt auch pixelgenau festlegen:

▸ Über die Felder BREITE und HÖHE definieren Sie, welche Abmessungen der Ausschnitt hat.
▸ Über die Felder LINKS und OBEN definieren Sie, wo sich die linke obere Ecke des Ausschnitts befinden soll. Im Beispiel oben ist sie also 180 Pixel vom linken und 249 vom oberen Rand entfernt.
▸ Ist die Option PROPORTIONEN BEIBEHALTEN angewählt, so werden Breite und Höhe proportional, d.h. im Verhältnis des Original-Fotos verkleinert. Über das Flipmenü können Sie die Voreinstellung ändern und den Rahmen frei ziehen.

Neben den Optionen WIE PHOTOSTORY, die die Proportionen der Photostory übernimmt, und PROPORTIONEN FREI, bei der sich Höhe und Breite unabhängig voneinander anpassen lassen, können Sie auch zahlreiche gängige Video-Bildformate auswählen.

BILDFÜLLEND sorgt dafür, dass der Ausschnitt anschließend vergrößert wird, so dass er den kompletten Monitor ausfüllt. Wenn Sie die Option ausschalten, wird der gewählte Ausschnitt an seiner Position unverändert gezeigt. Die abgeschnittenen Ränder erscheinen schwarz.

Fotos automatisch monitorfüllend beschneiden

Im Startdialog zum Bildformat der Photostory, aber auch in den Projekt-Einstellungen (siehe Seite 63) findet sich die Option AUTOMATISCH MONITORFÜLLEND BESCHNEIDEN. Für ausgewählte Fotos lässt sich diese Option auch nachträglich im Effekte-Menü anwenden bzw. wieder ausschalten.

Die Option sorgt dafür, dass der soeben beschriebene Bildausschnitt automatisch erzeugt wird, so dass das Bild immer den kompletten Monitor ausfüllt und dabei keine schwarzen Ränder entstehen.

Nun kommt es manchmal vor, dass der automatische Beschnitt ungünstig ist, z. B. wenn ein wichtiges Detail am Bildrand verschluckt wird.

Im folgenden Bild fehlt beispielsweise oben auf dem Brandenburger Tor ein Teil der berühmten Quadriga – er ist der automatischen Bildbeschneidung zum Opfer gefallen.

Das lässt sich leicht korrigieren – allerdings nur auf Kosten eines entsprechenden Teils der Beine der Damen:

▶ Öffnen Sie im Media Pool den Reiter **EFFEKTE** und steuern Sie den **AUSSCHNITT**-Effekt an.

Hier sehen Sie das unbeschnittene Bild, zusammen mit dem aktuellen, automatisch gesetzten Beschnittrahmen.

▸ Verschieben Sie den Beschnittrahmen so, dass der neue Ausschnitt alle wichtigen Bildelemente enthält.

Beim Verschieben wird der Mauszeiger zu einem Doppelkreuz.

▸ Über die Schaltfläche **VORSCHAU** überprüfen Sie das Ergebnis.

Wenn Sie den Bildauschnitt komplett aufheben wollen und stattdessen die schwarzen Ränder z.B. mit einem Hochkanteffekt belegen wollen, deaktivieren Sie einfach den Beschnitt, indem Sie auf die Kreuz-Schaltfläche im Effektdialog klicken.

Kamerafahrt

In der Rubrik **KAMERA-/ZOOMFAHRT** können Sie aus einem Standfoto schnell eine Kamerafahrt machen.

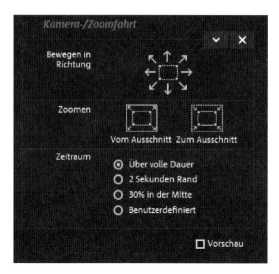

Dabei wird zunächst ein sichtbarer Ausschnitt festgelegt, der über das Bild wandert und dabei andere Bildbereiche zeigt.

So funktioniert ein „Kameraschwenk" von rechts nach links:

▸ Bestimmen Sie zunächst den Ausschnitt, bei dem der Schwenk starten soll..

▶ Klicken Sie dann im Bereich **BEWEGEN IN RICHTUNG** auf den Pfeil, in dessen Richtung sich der Ausschnitt bewegen soll.

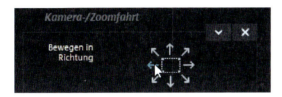

▶ Spielen Sie Ihren kleinen Film ab (über die Abspielschaltfläche am Vorschaumonitor oder mit der Leertaste der Computertastatur).

Hier sehen Sie Anfang, Mitte und Endbild der Kamerafahrt von rechts nach links.

Im Effektdialog stellen Sie geradlinige Bewegungsrichtungen anhand der Pfeile ein. Sie sind aber nicht an eine solche Bewegung gebunden. Mit Wegpunkten (siehe Seite 168) können Sie jede beliebige andere Bewegung frei bestimmen.

Zoomfahrt

Auch eine Zoomfahrt bringt Bewegung in die Photostory. Dabei scheint sich der Kameramann dem Motiv im Zentrum des Bildes zu nähern (oder auch umgekehrt: sich zu entfernen). Im Bereich ZOOMEN des Effekts KAMERA-/ZOOMFAHRT können Sie verschiedene Zoomfahrten erstellen.

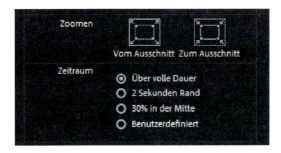

▶ Wählen Sie zunächst einen Ausschnitt. Schieben Sie dazu den Rahmen im Vorschaumonitor zusammen.

▶ Stellen Sie nun ein, ob ausgehend vom Ausschnitt herausgezoomt werden soll (VOM AUSSCHNITT) oder ob ausgehend vom Gesamtbild in den Ausschnitt hineingezoomt wird (ZUM AUSSCHNITT).

Hier sehen Sie Anfang, Mitte und Endbild einer Zoomfahrt vom Auschnitt.

Die Einstellung ÜBER VOLLE DAUER führt zu einer kontinuierlichen Fahrt während der gesamten Anzeigezeit des Fotos. Mit 2 SEKUNDEN RAND bleibt das Bild am Anfang und Ende jeweils zwei Sekunden statisch. 30 % IN DER MITTE führt dazu, dass nur im mittleren Drittel der Anzeigezeit gezoomt wird. Die Option BENUTZERDEFINIERT dient der individuellen Gestaltung mit Wegpunkten (siehe Seite 168).

Fotos verkleinern und verschieben

Unter POSITION & GRÖSSE können Sie das Bild verkleinern und an eine beliebige Stelle im Vorschaumonitor schieben.

Anders als der Effekt AUSSCHNITT zeigt POSITION & GRÖSSE keinen Bildausschnitt, sondern immer das komplette Bild. Die Funktionsweise ist ansonsten sehr ähnlich:

▶ Ziehen Sie an den äußeren Anfassern, um das Bild zu verkleinern.

▶ Das verkleinerte Bild können Sie nun bei gehaltener Maustaste verschieben.

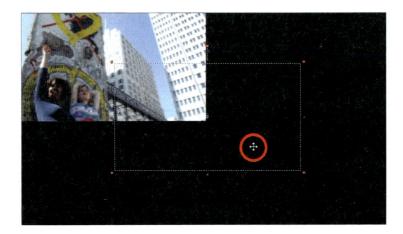

So haben Sie eine verkleinerte Version Ihres Bildes vor schwarzem Hintergrund erstellt.

Den schwarzen Hintergrund können Sie nutzen, um z. B. eine Bildmontage mit mehreren Bildern zu machen. Dazu kommen wir später. Sie können auch einen Titel einblenden, beispielsweise als Auftakt eines neuen Kapitels innerhalb Ihrer Photostory. Nach dem Ausblenden des Titels könnte das Bild dann auf die volle Größe aufgezoomt werden. Oder Sie fügen einen Hintergrund ein, der die schwarzen Bereiche ausfüllt.

Sie können die Position und Größe statt freihand über den Auswahlrahmen auch pixelgenau festlegen:

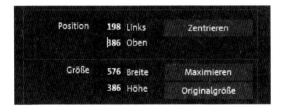

Unter **POSITION** legen Sie fest, wo sich die linke obere Ecke Ihres Bildes befinden soll. In diesem Fall befände sie sich 198 Pixel vom linken Rand und 152 vom oberen Rand entfernt. Über **ZENTRIEREN** erscheint das Bild genau in der Bildschirmmitte.

Unter **GRÖßE** können Sie genau festlegen, wie breit und hoch Ihr Bild sein soll. **MAXIMIEREN** stellt die maximal darstellbare Größe ein. Diese bedeutet meistens eine Verkleinerung der Originalgröße, da die Full-HD-Auflösung mit 1920 * 1080 Pixeln arbeitet, während Fotos oft viel höher ausgelöst sind. **MAXIMIEREN** stellt in jedem Fall sicher, dass das Bild später beim Export bildfüllend und in maximal möglicher Auflösung erscheint.

ORIGINALGRÖßE zeigt das Bild in voller Größe an. Das bedeutet meist, dass Sie nur einen Ausschnitt Ihres Bildes sehen, weil die Originalgrößer größer ist als die Größe, die in MAGIX Photostory Deluxe verwendet wird.

Fotos drehen und spiegeln

Die Rubrik **DREHEN & SPIEGELN** hilft entweder, wenn Sie bei der Aufnahme eines Bildes die Kamera nicht ganz gerade gehalten haben, oder ermöglicht dreidimensionale Effekte, z. B. das Bild um seine eigene Achse zu drehen und zu spiegeln.

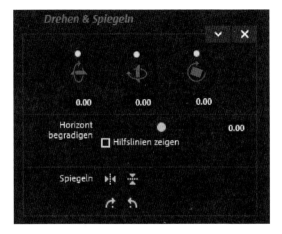

Sie sehen zunächst wieder Ihr Ausgangsbild mit Anfassern im Vorschaumonitor. Das Drehen und Spiegeln funktioniert aber etwas anders als die Bearbeitungen unter AUSSCHNITT, KAMERA-/ZOOMFAHRT und POSITION & GRÖSSE.

▸ Drehen Sie an einem der drei Kreise im Media Pool oder geben Sie einen Zahlenwert unter den Kreisen ein, so dreht sich das Bild entweder vertikal, horizontal oder um den Mittelpunkt.

Sie sehen, dass dadurch ein dreidimensionaler Effekt entsteht. Sie können sich das Ergebnis wie gewohnt durch eine Vorschau der Photostory anschauen.

Horizonte begradigen

Haben Sie die Kamera schief gehalten? Eine der wichtigsten Funktionen des Bereichs DREHEN & SPIEGELN ist die Horizontbegradigung. Im folgenden Bild ist gut zu erkennen, dass es schief aufgenommen wurde, da der Berliner Fernsehturm in der Wirklichkeit senkrecht nach oben ragt:

▶ Wählen Sie zunächst im Media Pool die Option **HILFSLINIEN ANZEIGEN**.

Sie sehen nun ein Raster mit Rechtecken, das es erleichtert, die richtige Ausrichtung des Bildes zu finden.

▶ Nun können Sie Ihr Bild über den **HORIZONT BEGRADIGEN** Regler ausrichten.

Hierbei hilft der Turm, an dem wir gut das Bild neu ausrichten können.

Um nun dafür zu sorgen, dass das Bild keine schwarzen Ecken bekommt, müssen wir den Ausschnitt anpassen.

▸ Öffnen Sie dazu den Effekt AUSSCHNITT und korrigieren Sie die Ecken, indem sie den Rahmen anpassen.

Schon haben Sie ein perfekt begradigtes Bild.

Fotos kippen oder verzerren

Unter NEIGUNG & FORM ändern Sie die Eckpositionen einzeln und verzerren damit das Bild dreidimensional. Dazu benutzen Sie die Anfasser im Videomonitor oder geben die Werte bei den Parametern ein.

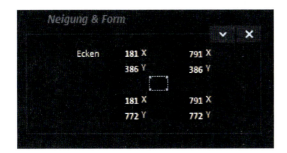

▸ Ziehen Sie also wie gewohnt an den Anfassern, die Sie im Vorschaubild sehen. Eventuell müssen Sie dafür das Bild etwas verkleinern (im Bereich POSITION & GRÖSSE).

So erzeugen Sie z. B. schnell den Eindruck, dass Ihr Bild nach hinten umgekippt ist.

Gekippter Vorspann à la Star Wars

Eine Besonderheit aus den Star-Wars-Filmen von George Lucas hat große Berühmtheit erlangt. Wir meinen hier nicht Chewbacca oder Yoda und auch nicht das bei Bewegung brummende Laserschwert, sondern den Vorspanntext, der, von vorne nach hinten aus dem Bild laufend, in gekippter Form erzählt, welche Ereignisse der jeweiligen Episode vorausgingen. Dies ist ein toller Effekt, den man über die Funktion NEIGUNG & FORM erzeugen kann. Einzige Bedingung: Es muss ein Titelobjekt vorhanden sein, das lang genug ist. Besonders gut wirkt ein solcher Vorspann, wenn er das einzige ist, was auf dem Bildschirm zu sehen ist.

▸ Schieben Sie zunächst alle Objekte in der Timeline etwas nach hinten, um am Anfang der Photostory Platz für den Vorspann zu machen.

Tipp: Am einfachsten geht dies, indem Sie Strg + A drücken, um alle Objekte auszuwählen, und dann den markierten Objektblock mit der Maus nach hinten schieben.

▸ Legen Sie über die TITELEDITOR-Schaltfläche ein neues Titelobjekt an und schieben Sie es ganz an den Anfang der Photostory.
▸ Stellen Sie den Abspielmarker nach vorne, um eine korrekte Ansicht im Vorschaumonitor zu erhalten.
▸ Tippen (oder kopieren) Sie Ihren Text in das Eingabefeld am Vorschaumonitor.

Ihre Photostory sollte dann etwa so aussehen:

▸ Wählen Sie im Titeleditor als Bewegungseffekt eine Animation von unten nach oben.

- ▶ Spielen Sie die Photostory ab. Wie Sie sehen, bewegt sich der Titel schon in die richtige Richtung, ist jedoch noch nicht nach hinten geneigt.
- ▶ Passen Sie die Abspielgeschwindigkeit des Titels an – am einfachsten über die Länge des Titelobjekts, die Sie am unteren Anfasser justieren können. Je langsamer die Abspielgeschwindigkeit des Titels sein soll, desto länger muss das Titelobjekt sein.
- ▶ Wechseln Sie nun im Media Pool in den Reiter EFFEKTE. Wählen Sie unter ANSICHT & ANIMATION den Punkt NEIGUNG & FORM.

- ▶ Ziehen Sie die Anfasserpunkte im dialog so, dass sich eine nach hinten gekippte Fläche ergibt. Wenn Sie möchten, können Sie diese grobe Form auch noch mithilfe des Zahlenfeldes im Dialog verbessern.

▶ Nun können Sie noch nach Belieben die Schriftart, -größe, -farbe und vieles mehr im Titeleditor anpassen – und schon haben Sie einen Vorspann à la Star Wars:

Effekte für Videos

In der Kategorie BILDOPTIMIERUNG befinden sich noch zwei weitere Effekte, die sich nur für Videos einsetzen lassen. Diese beiden Effekte stellen wir Ihnen nun vor.

Geschwindigkeit

Über den Punkt GESCHWINDIGKEIT können Sie bei Videos einstellen, wie schnell diese abgespielt werden.

FAKTOR legt fest, mit welchem Faktor die Geschwindigkeit des Videos multipliziert werden soll. 1 ist dabei gleichbedeutend mit unverändert, d.h. normaler Geschwindigeit. Zahlen unter 1 verlangsamen das Video (Zeitlupe), Zahlen über 1 beschleunigen das Video (Zeitraffer).

LÄNGE zeigt an, wie lang Ihr Video mit dem neuen Abspiel-Faktor dauert.

Wenn Sie VIDEO RÜCKWÄRTS ABSPIELEN anwählen, wird das Video mitsamt Tonspur rückwärts abgespielt.

Tipp: Mithilfe der Keyframe-Animation können Sie Ihr Video auch dynamisch verlangsamen oder beschleunigen. Dies funktioniert sogar beim Rückwärts abspielen.

proDAD Mercalli V2

Bei proDAD Mercalli V2 handelt es sich um ein mitgeliefertes Effekt-Plug-in der Firma proDAD, die mit ihrer Mercalli-Software den Maßstab für professionelle Bildentwacklung gesetzt hat.

Damit können Sie verwackelte Bildaufnahmen z.B. von Action-Cams oder vom Smartphone perfekt begradigen, ohne dass sonst übliche Bildartefakte (Verzerrungen und typisches „Wabbeln") entstehen. Mercalli kann unerwünschte Verwacklungen, plötzliche Stöße oder konstantes Handzittern entfernen und ungleichmäßige Schwenks oder Zooms beruhigen.

Sie öffnen das Plug-in entweder im Kontextmenü eines Video-Objekts (Option BILDSTABILISIERUNG > PRODAD MERCALLI V2) oder im Media-Pool-Reiter EFFEKTE > VIDEOEFFEKTE.

proDAD Mercalli ist ein Plug-in, das Sie vor der Anwendung erst aktivieren müssen. Klicken Sie dazu auf EFFEKT ANWENDEN. Nach der Aktivierung können Sie den Effekt einsetzen.

Am Anfang steht die automatische Analyse des Bildmaterials.

▸ Klicken Sie auf ANALYSE AUSFÜHREN.

Anschließend können Sie Ihr Material mithilfe der Effektparameter begradigen.

▸ Wählen Sie zunächst ein PROFIL aus.

FIXIERTE KAMERA ist immer dann ratsam, wenn das Ziel ein möglichst stabiles Videobild ohne jede Kamerabewegung ist. Allerdings sollte dann im Ausgangsmaterial die Kamera nicht geschwenkt werden. Das Originalbild darf höchstens verwackelt sein, zittern, leicht rotieren oder kippen. Wenn die Kamera während der Aufnahme geschwenkt wurde, sollte GLEITENDE KAMERA oder alternativ UNIVERSELLE KAMERA ausprobiert werden. Zum Vergleich können Sie auch die ALTERNATIVE KAMERA wählen, da die darin enthaltenen Algorithmen anders vorgehen.

Nach der Auswahl des Profils sollten Sie Ihr Video testweise abspielen und, falls nötig, mit den anderen Parametern weiter verbessern:

▸ Die ROLLING-SHUTTER-KORREKTUR gleicht eine mögliche Bildverzerrung durch die Aufnahmetechnik von digitalen Kameras aus.
▸ KAMERA-DYNAMIK ERHALTEN versucht, die gewollten Kamerabewegungen zu erkennen und von der Korrektur auszuschließen.
▸ In der Rubrik BEWEGUNG KAMERASCHWENK VERBESSERN können Sie gezielt auswählen, welche Bewegungsfehler korrigiert werden sollen.
▸ Bei der RANDBEARBEITUNG können Sie festlegen, wie mit den Bildrändern verfahren werden soll, die durch die Korrektur entstehen. Bei BESTE STABILISIERUNG erscheinen im stabilisierten Video veränderliche schwarze Ränder, die je nach der Stärke der Korrektur unterschiedlich groß sind. OHNE RAND zoomt das Bild soweit ein, dass keine schwarzen Ränder entstehen. BILDAUSSCHNITT erzeugt eine feste Umrandung, die der Randgröße an der Stelle der stärksten Korrektur entspricht.
▸ ZOOM ermöglicht die manuelle Korrektur von schwarzen Rändern. MIT KANTENFARBE AUSFÜLLEN führt zu unauffälligeren Rändern, indem die schwarzen Bereiche mit den Farben der Bildrandbereiche aufgefüllt werden. Diese Option empfiehlt sich vor allem in Kombination mit BESTE STABILISIERUNG.
▸ VERGLEICHANSICHT: Diese Optionen stellen die Vorschauansicht ein.
▸ Zu Analysezwecken können Sie außerdem ein BEURTEILUNGSRASTER ANZEIGEN lassen.

Effekte mit Wegpunkten animieren

Sie können fast alle Effekte mittels Wegpunkten (auch „Keyframes" genannt)
animieren. Das bedeutet, dass Sie die Dosierung dynamisch steuern, so dass sich ein
filmischer Effekt ergibt.

Das funktioniert folgendermaßen: Sie setzen an einer bestimmten Stelle einen ersten
Wegpunkt, stellen den gewünschten Effekt ein und setzen an späterer Stelle einen
weiteren Wegpunkt mit einer anderen Effekteinstellung. Dann wird der Effekt
zwischen den beiden Wegpunkten automatisch von der einen in die andere
Einstellung überführt. Je mehr Wegpunkte Sie setzen, desto genauer können Sie den
Effektverlauf steuern.

Auf diese Weise können Sie z. B. eine Farbverfremdung oder eine Kontrasterhöhung,
ausgehend vom neutralen Bild, langsam steigern oder einen Bildausschnitt auf
verschlungenen Wegen durchs Bild bewegen.

Folgende Objekte lassen sich mit Wegpunkten animieren:
- Fotos und Bilder
- Videos
- Titel und Texte
- Deko-Elemente

Animation vorbereiten

▸ Wählen Sie im Timeline-Modus das Objekt aus, das animiert werden soll.
▸ Öffnen Sie im Media Pool den Reiter **EFFEKTE** und wählen Sie den Effekt, den Sie
animieren möchten. Animierbare Effekte haben unten im Media Pool einen
Steuerungsbereich für die Keyframe-Animation:

▸ Stellen Sie den Effekt so ein, wie es für den Beginn der Animation gewünscht ist.
Wenn am Anfang kein Effekt zu sehen sein soll, lassen Sie alles, wie es ist.

Wegpunkte setzen

In der Keyframe-Animation im unteren Teil des Media Pools können Wegpunkte neu gesetzt, ausgewählt, verschoben und gelöscht werden.

▸ In der Zeitleiste setzen Sie den Abspielmarker an die Stelle, an der ein Wegpunkt eingefügt werden soll.

Tipp: Sie können zum exakteren Positionieren auch den Abspielmarker im Arranger nutzen. Beide Abspielmarker sind gekoppelt.

▸ Um den ersten Wegpunkt zu setzen, klicken Sie auf diese Schaltfläche.
  Bei manchen Effekten muss zuvor ein Parameter geändert werden, damit diese Schaltfläche verfügbar wird.
▸ Weitere Wegpunkte fügen Sie hinzu, indem Sie zuerst den Abspielmarker an die nächste Stelle setzen und anschließend den Effektparameter ändern. Der dazugehörige Wegpunkt wird dann automatisch gesetzt.

Wegpunkte lassen sich nachträglich mit der Maus beliebig verschieben.

Sie können Wegpunkte auch zunächst kopieren und die zugehörigen Einstellungen nachträglich ändern:

▸ Wählen Sie den zu kopierenden Wegpunkt aus und klicken Sie auf die
  Schaltfläche zum Kopieren
▸ Anschließend setzen Sie den Abspielmarker an die Stelle zum Einfügen
  und klicken auf die Einfügen-Schaltfläche.

Mehrere Parameter separat animieren

Einige Effekte bieten mehrere Parameter an. Dann können Sie für jeden Parameter separate Wegpunkte setzen.

▸ Wählen Sie den komplexen Effekt aus – z. B. **POSITION & GRÖSSE** aus der Sektion **ANSICHT & ANIMATION** – und setzen Sie einen ersten Wegpunkt.

▶ Klappen Sie die animierbaren Parameter aus, indem Sie links auf den Pfeil am Effekt klicken.

Um die gesamte Liste der Parameter zu sehen, müssen Sie den Animationsbereich zunächst vergrößern, d. h. etwas nach oben schieben.

▶ Dazu führen Sie die Maus an die obere Kante des Animationsbereichs, bis sie zu einem Doppelpfeil wird, und ziehen nun den Bereich auf.

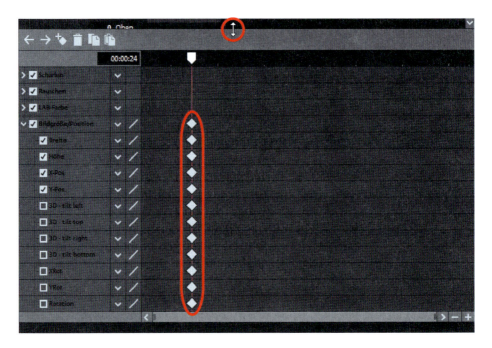

Jetzt sehen Sie die komplette Liste mit allen Effektparametern, die Sie über Wegpunkte animieren können.

Animation außerhalb des Vorschaumonitors

Der Vorschaumonitor lässt sich stufenlos zoomen. Dadurch wird ein Arbeitsbereich außerhalb der Foto-Vorschau sichtbar, den Sie für die Animation des Effekts POSITION & GRÖßE nutzen können.

Der Zoom wird über die Schaltfläche rechts unterhalb des Vorschaumonitors eingestellt.

▶ Stellen Sie den Zoom-Schieberegler ganz nach links auf 50 %.

Dadurch entsteht um das verkleinerte Vorschaubild herum ein grauer Arbeitsbereich.

▶ Wechseln Sie nun im Media Pool in den Bereich **POSITION & GRÖSSE**.

▶ Schieben Sie Ihr Bild aus dem Vorschaumonitor heraus.

Die Vorschau wird dabei an den Stellen schwarz, an denen sich keine Teile des Bildes mehr befinden. Im Extremfall – wenn Sie das Bild ganz herausverschieben – wird sie also komplett schwarz.

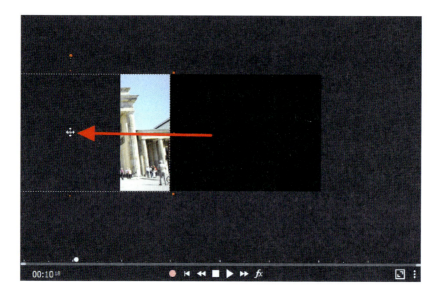

Sie erkennen die Umrisse des Bildes abe rimmer noch an der gestrichelten Linie und den Anfassern.

▶ Schieben Sie also Ihr Bild komplett aus dem Vorschaumonitor und setzen Sie einen ersten Wegpunkt.
▶ Stellen Sie den Abspielmarker etwas weiter nach hinten.
▶ Verschieben Sie den Umriss des Bildes, so dass es wieder in der Vorschau zu sehen ist.

Wenn Sie nun Ihre Photostory abspielen, fliegt das Bild in den Vorschaumonitor hinein.

Anschließend können Sie die Wegpunkte noch verschieben, bis Sie mit der Geschwindigkeit und dem Flugverhalten des Bildes zufrieden sind.

Grundsätzlich können Sie nach diesem Verfahren jede beliebige Flugroute realisieren.

Globale Effekteinstellungen

Über **DATEI** > **EINSTELLUNGEN** > **EFFEKTEINSTELLUNGEN PHOTOSTORY** legen Sie fest, welche Bildkorrekturen oder Effekte für die gesamte Photostory gelten sollen.

Belichtung

Unter **BELICHTUNG** stellen Sie Helligkeitskorrekturen ein, wenn z. B. alle Bilder bei denselben Bedingungen aufgenommen wurden und ein wenig zu dunkel sind.

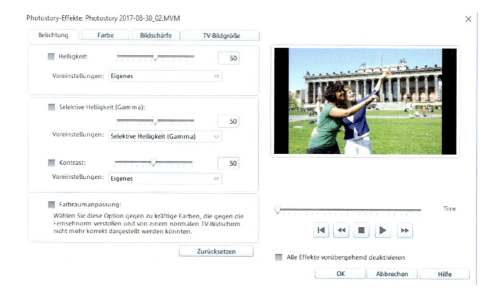

Die Punkte **HELLIGKEIT**, **SELEKTIVE HELLIGKEIT** und **KONTRAST** kennen Sie bereits aus den Media-Pool-Effekten (siehe Seite 120). Einziger Unterschied ist, dass diese Einstellungen nun von vornherein für jedes Bild gelten.

Sollten Sie feststellen, dass die Darstellung Ihrer Photostory am TV-Bildschirm im Vergleich zum Computermonitor unterschiedlich ist und falsche Farben aufweist, sollten Sie den Punkt **FARBRAUMANPASSUNG** anwählen. Dadurch werden die Farben, die der TV-Bildschirm nicht darstellen kann, gegen ähnliche Farben, die darstellbar sind, ausgetauscht.

Farbe

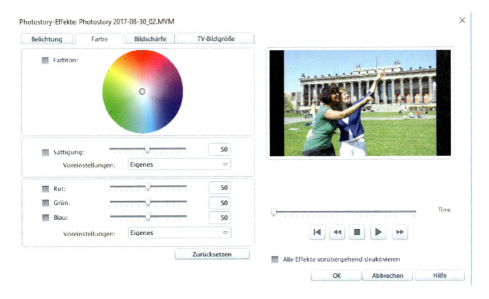

Auch unter **FARBE** können Sie Einstellungen vornehmen, die Sie bereits aus dem Media Pool (siehe Seite 124) kennen. Wenn alle Ihre Bilder z. B. einen konstanten Farbstich haben, können Sie dies unter **FARBTON** korrigieren. Unten finden Sie die Feinjustierungsregler für jede Farbe. Ebenfalls einstellen können Sie die **SÄTTIGUNG** für alle Bilder. Zusätzlich gibt es verschiedene **VOREINSTELLUNGEN**, die Sie aus dem Menü aufrufen.

Rechts sehen Sie, welche Auswirkungen Ihre Änderungen auf die Photostory haben.

Bildschärfe

Hier nehmen Sie die ebenfalls aus dem Media Pool (siehe Seite 129) bekannte Einstellung für BILDSCHÄRFE global vor. Außerdem können Sie praktische VOREINSTELLUNGEN für die Bildschärfe laden.

Rechts sehen Sie wieder, wie sich Ihre Änderungen auf die Photostory auswirken.

TV-Bildgröße

In diesem Reiter finden Sie spezielle Einstellmöglichkeiten für die Bildanpassung an den TV-Monitor. Wenn bei der Wiedergabe auf Ihrem Fernsehgerät die Randbereiche fehlen – vor allem bei Bildröhren kommt dies oft vor –, können Sie hier das Wiedergabebild so verkleinern, dass das gesamte Bild angezeigt wird.

Die prozentuale Vorgabe verkleinert das Bild um 10 % an allen Seiten. Sie können diesen Rahmen über **TV-ANZEIGEBEREICH IN VORSCHAUMONITOR EINBLENDEN** anzeigen lassen.

Die genauen Zahlen, die Sie eingeben müssen, erhalten Sie, indem Sie die Beispiel-Photostory „Sichtbares TV-Bild" auf eine Disc brennen und anschließend an Ihrem TV-Gerät wiedergeben. Sie finden diese Beispiel-Photostory im Media Pool im Ordner **EIGENE MEDIEN** > **PROJEKTE**.

Unter **RANDBEREICHE ANWENDEN AUF** definieren Sie, auf welche Art von Mediendatei die Verkleinerung angewandt wird. **ALLE FOTOS**, **ALLE VIDEOS** und Alle **TITEL** stehen zur Auswahl.

Weitere Tipps & Tricks

Automatische Effekte: Wenn's mal schnell gehen soll: In der Werkzeugleiste können Sie auch automatische Effekte hinzufügen.

Im Grunde handelt es sich dabei um eine vereinfachte Anwendung des Fotoshow Makers, den wir an anderer Stelle vorstellen (siehe Seite 240).

Effekteinstellung prüfen: Wenn Sie sich nicht mehr sicher sind, welche Effekte schon zum Einsatz gekommen sind, können Sie die jeweilige Effekteinstellung direkt an den Objekten im Timeline-Modus ablesen. Oben werden sie stichwortartig hinter dem Dateinamen aufgelistet.

Weißabgleich: Wenn Ihre Fotos tendenziell einen Farbstich haben, können Sie diesen in der Effektrubrik FARBE (SIEHE SEITE 124)Mittels eines digitalen Weißabgleichs entfernen. Künftig sollten Sie es aber besser wie die Profis machen: Nehmen Sie bei jedem Shooting ein Blatt weißes Papier mit und führen Sie vorab einen manuellen Weißabgleich mit der Kamera durch (siehe Seite 343).

Vorlagen als Inspiration: Nutzen Sie die vielen Vorlagen nicht nur zum Direkteinsatz, sondern auch als Inspirationsquelle. Klicken Sie sich durch die jeweiligen Vorlagenverzeichnisse und schauen Sie nach, was es alles gibt. Wenn Ihnen eine Vorlage gefällt und Sie sich näher für die darin verwendeten Effekteinstellungen interessieren, ziehen Sie sie auf ein Bild und schauen Sie in den Effekteinstellungen nach, wie genau der jeweilige Effekt konfiguriert ist. So lernen Sie am schnellsten, wie man die Effekte verwendet.

Effekte sparsam dosieren und gezielt einsetzen: Im Normalfall sollten die Effekte so eingesetzt werden, dass Ihre Fotos bestmöglich zur Geltung kommen. Zu viele Effekte und zu hektische Bildbewegungen können schnell von den eigentlichen Inhalten ablenken. Natürlich können Sie auch Experimental-Shows basteln, bei denen die Effekte im Vordergrund stehen sollen. Die meisten Zuschauer werden sich aber weniger für Bildeffekte als für die Bildmotive interessieren. Deshalb: Weniger ist oft mehr!

Panoramabilder mit Kameraschwenks kombinieren: Ein schöner Effekt ist es, wenn Sie aus mehreren Fotos breite Panoramabilder erstellen und diese dann mit einem horizontalen Kameraschwenk abfahren. Alternativ können Sie natürlich auch in ein Einzelbild mit einer Panorama-Aufnahme zoomen und den Ausschnitt horizontal abfahren. Wie Sie ein Panoramabild aus mehreren Fotos zusammenmontieren, lesen Sie im Kapitel „Spezialfunktionen" (siehe Seite 259); die Anleitung für eine Kamerafahrt finden Sie weiter vorn (siehe Seite 152).

Effekte mit dem Foto dauerhaft speichern: Der Vorteil von MAGIX Photostory Deluxe – dass Ihre Fotos unverändert auf der Festplatte bleiben – kann gelegentlich auch von Nachteil sein, nämlich dann, wenn Sie so angetan vom Ergebnis Ihrer Effektbearbeitungen sind, dass Sie das bearbeitete Foto auch außerhalb der Photostory verwenden wollen. Dazu stellen Sie den Startmarker an die Stelle, die Sie als Fotodatei haben möchten, und wählen im Menü Datei > Exportieren > Einzelner Frame als BMP bzw. JPEG (siehe Seite 302).

Vorlagen
per Drag & Drop

In diesem Kapitel zeigen wir Ihnen, welche Vorlagen mitgeliefert werden und wie Sie sie einsetzen, um Ihre Photostory aufzupeppen. Einige haben wir im Blenden-Kapitel bereits vorgestellt. An dieser Stelle geben wir einen systematischen Überblick.

Vorlagen-Reiter im Media Pool

Wenn Sie im Media Pool oben auf die Schaltfläche mit dem Abspielpfeil klicken, erreichen Sie die Vorlagen. Dabei wird zunächst das FOTOLOOKS-Verzeichnis geöffnet.

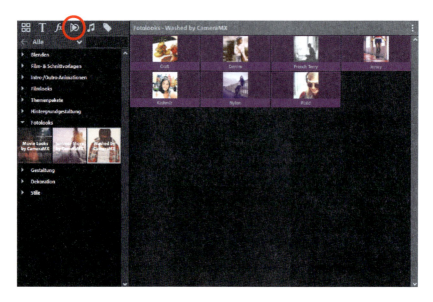

Links erreichen Sie alle verfügbaren Vorlagenverzeichnisse. Derzeit sind dies BLENDEN (siehe Seite 73), FILM- & SCHNITTVORLAGEN, INTRO-/OUTRO-ANIMATIONEN, FILMLOOKS, THEMENPAKETE, HINTERGRUNDGESTALTUNG, FOTOLOOKS, GESTALTUNG, DEKORATION und STILE.

Film- und Schnittvorlagen

Film- und Schnittvorlagen sind vorproduzierte Photostories mit Musik, Hintergrundbildern oder Videos sowie Platzhaltern, die mit eigenem Material aufgefüllt werden. Sie können zum Beispiel als Vorspann für die eigene Photostory oder als filmisches Appetithäppchen genutzt werden, um es auf der Website oder per E-Mail zu präsentieren.

Die Schnitt- und Filmvorlagen sind nach Themen geordnet, aber können natürlich für jedes beliebige Thema genutzt werden.

▶ Klicken Sie auf eines der beiden Verzeichnisse SCHNITTVORLAGEN BASIC oder FILMVORLAGEN BASIC. Auf der rechten Seite werden nun die verfügbaren Vorlagen aufgeführt.

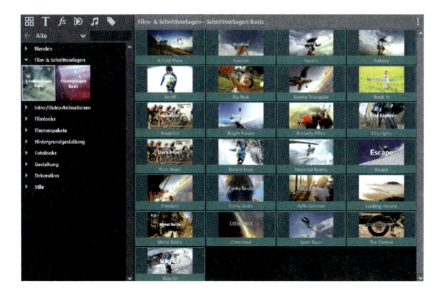

Schnittvorlagen Basic

Filmvorlagen Basic

▶ Jede Vorlage lässt sich im Media Pool über den üblichen Vorschaupfeil abspielen. Dabei wird nicht die komplette Vorlage abgespielt, sondern nur ein kleiner Ausschnitt.

▶ Laden Sie eine Vorlage, um eine genauere Vorstellung davon zu bekommen, wie sie funktioniert.

Die Vorlage wird einfach als zusätzliche Photostory in Ihr Projekt angehängt.

Wenn Sie die Vorlage zum Beispiel als Projekt-Intro verwenden wollen, können Sie sie über das Kontextmenü des Photostory-Reiters nach vorne sortieren (siehe Seite 61).

Im unteren Bereich, wo sonst das horizontale Storyboard liegt, sehen Sie die vertikal angeordnete Struktur der Vorlage. Am Scrollbalken rechts können Sie die hinteren Bereiche hervorziehen.

Die Vorlage ist in mehrere Szenen gegliedert. Im Infofeld rechts finden Sie weitere Erklärungen.

▶ Ersetzen Sie die Platzhalter mit geeigneten Bildern aus Ihrer Photostory, indem Sie Ihre Fotos aus dem Media Pool auf die Platzhalter ziehen.

▶ Wenn Sie kein passendes Foto finden, löschen Sie den Platzhalter aus der Vorlage.

Auch die Bildunterschriften können natürlich angepasst werden. Die Schrifteingabe erfolgt rechts unten im Infofeld.

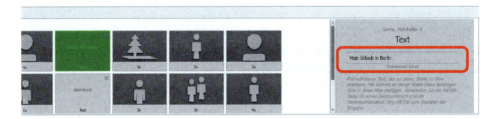

So ersetzen Sie Schritt für Schritt die Platzhalter und Texte mit eigenem Material und scollen dabei immer weiter nach unten. Zum Schluss, wenn Sie nach ganz unten gescrollt haben, klicken Sie auf NEU ANWENDEN.

Dadurch wird die Vorlage an Ihre Vorgaben angepasst und kann abgespielt werden. Beim Abspielvorgang wird die Vorlage automatisch mitgescrollt, so dass Sie immer sehen, welche Szenen gerade gezeigt werden.

Intros & Outros

Intros und Outros sind kleine Videos, die zum Anfang und Ende einer Photostory gezeigt werden können. In unserem Fall eignet sich z. B. das Motiv REISEN.

▶ Wenn Sie auf die Vorlage klicken, erscheint wie gewohnt eine Vorschau.

▶ Um die Vorlage als Intro zu laden, klicken Sie zunächst auf das erste Foto der Fotoshow, um den Einfeügeort auszuwählen.

Intros und Outros werden an der Stelle des ausgewählten Objeks eingefügt. Bei einem Outro klicken Sie also auf das letzte Objekt.

▶ Klicken Sie in dem kleinen Popup-Fenster im Media Pool auf die Einfüge-Schaltlfäche mit dem Pfeil nach unten.

Dadurch wird die komplette Photoshow etwas nach rechts eingerückt, so dass genügend Platz für die neuen Intro-Objekte entsteht. Anschließend wird das Intro passgenau eingefügt.

Es ist egal, ob Sie dies im Storyboard- oder Timeline-Modus tun. Anschließend sollten Sie jedoch in den Timeline-Modus wechseln. Sie sehen dort, unter dem Bildobjekt, ein neues Objekt mit dem Intro.

▸ Markieren Sie die Intro-Objektgruppe und klicken Sie auf das Titeleditor-Symbol.

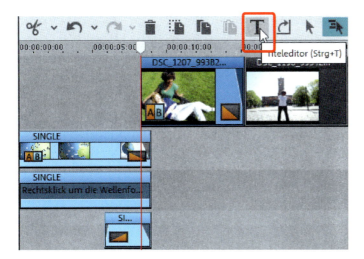

▸ Im Titeleditor geben Sie einen neuen Titel ein und klicken anschließend auf OK.

Schon haben Sie Ihre Photostory mit einem Intro versehen.

Film- & Fotolooks

Vielleicht schwebt Ihnen eine bestimmte Filmästhetik vor: die bläulich-herbe
Atmosphäre skandinavischer Krimis zum Beispiel, oder die leuchtenden Farben einer
Liebesschmonzette? Dann verwenden Sie die FILMLOOKS oder die FOTOLOOKS aus
dem Vorlagen-Reiter (siehe Seite 73).

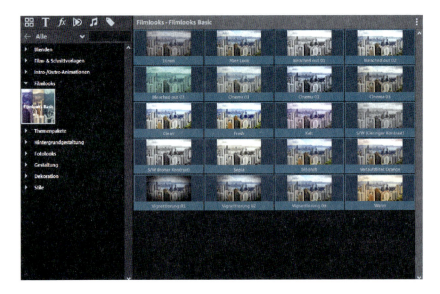

Filmlooks

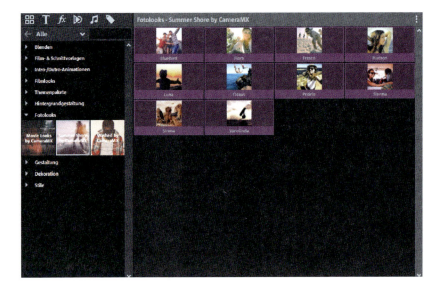

Fotolooks (eine von drei Kategorien)

Hierbei wird insbesondere mit den Effekten **FARBSÄTTIGUNG** und **KONTRAST** gearbeitet, so dass sich z.B. eine weiche, warme Atmosphäre voller gesättigter Farben oder umgekehrt ein nüchternes, kühles Aussehen mit entsättigten Farben und schroffen Kontrasten ergibt.

*Erst **KALT**, dann **WARM**, am Ende **S/W (GERINGER KONTRAST)***

Sie können jeden dieser Looks zunächst in einer Vorschau begutachten und anschließend auf ausgewählte Fotos übertragen.

Hintergrundgestaltung

In der Rubrik **HINTERGRUNDGESTALTUNG** finden Sie die drei Kacheln **HOCHKANTEFFEKTE**, **HINTERGRUNDFOTOS** und **HINTERGRUNDVIDEOS**.

▶ **HOCHKANTEFFEKTE** lassen sich für alle Bilder verwenden, also auch für Fotos im Querformat, die keine schwarzen Ränder haben. Sie bieten alle möglichen Animationen. Meist wird das Bild dabei als Hochkantformat-Ausschnitt gezeigt.

▶ **HINTERGRUNDFOTOS** und **HINTERGRUNDVIDEOS** erscheinen überall dort, wo sonst nur schwarze Streifen zu sehen wären, vor allem also bei Hochkantbildern, aber z. B. auch bei verkleinerten Fotos, die Sie gezielt mit Hintergründen kombinieren.

Hier sehen Sie z. B. den Hochkanteffekt BEAMER.

▸ Um einen Hintergrund zu verwenden, ziehen Sie den Hintergurnd auf Ihr Foto oder klicken Sie wie üblich auf den Einfüge-Pfeil im Media Pool.

▸ Anschließend wählen Sie ggf. aus, ob das Foto oder Video als Effekt oder als eigenständiges Objekt eingefügt werden soll.

MAGIX Photostory ✕

⚠ Sie haben ein Hintergrundobjekt ausgewählt.

Klicken Sie auf "Übernehmen" um das Objekt als Hintergrundeffekt einzufügen. Klicken
Sie auf "Ignorieren" um das Hintergrundobjekt als eigenständiges Objekt einzufügen.

Übernehmen | Ignorieren

Im Normalfall wählen Sie hier ÜBERNEHMEN.

Gestaltung

In der Rubrik GESTALTUNG finden Sie einerseits COLLAGEN BASIC, mit denen Sie
mehrere Fotos in einem Bild kombinieren können, und andererseits
BILDRANDEFFEKTE BASIC, bei denen das Foto in einen Randbereich und einen
zentralen Bereich aufgeteilt und dabei animiert wird.

Mitgelieferte Bild-in-Bild-Collagen

Am einfachsten ist es, die mitgelieferten Bild-in-Bild-Collagen zu benutzen, die für
fast alle Arrangements Lösungen bieten.

Die Bild-in-Bild-Collagen sind geordnet nach der Anzahl der Objekte, die sie
verwenden. Sie beginnen mit der Ordnungszahl 1, was bedeutet, dass nur das
ausgewählte Foto in der Collage verwendet wird.

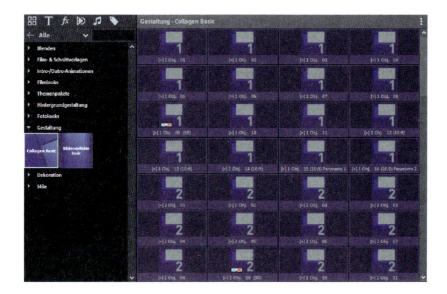

Collagen der Ordnungszahl 1 setzen automatisch bestimmte Ausschnitte und überblenden sie mit dem Gesamtbild.

Bei Collagen der Ordnungszahl 4 werden vier aufeinander folgende Bilder auf verschiedene Weise ineinander überblendet oder gleichzeitig gezeigt.

Eigene Collagen

Wer in den mitgelieferten Bild-in-Bild-Collagen nicht fündig wird, kann auch eine eigene Collage erstellen. Dazu benutzen Sie den Dialog **POSITION & GRÖSSE** (siehe Seite 155).

▸ Zunächst muss das erste Bild der Collage verkleinert und positioniert werden, damit Platz für die anderen Bilder entsteht.

Tipp: Die Verkleinerung kann natürlich auch dynamisch erfolgen: Dann wird z. B. das Foto erst in Großansicht gezeigt und anschließend verkleinert und verschoben. Dazu benutzen Sie die Keyframe-Animation (siehe Seite 168).

▸ Nun rücken Sie das nachfolgende Foto auf eine Spur unterhalb des ersten Fotos, damit beide Fotos gleichzeitig im Bild erscheinen können.
▸ Außerdem muss es ebenfalls verkleinert und am Monitor positioniert werden.

Nun können weitere Bilder folgen.

▸ Verlängern und verschieben Sie die Objekte auf den Spuren, so dass alle Objekte untereinander liegen, die gleichzeitig angezeigt werden sollen.

▸ Sie können sie auch der Reihe nach einblenden. Dazu verschieben Sie die jeweilige Startposition der Objekte.

So sieht ein Arrangement mit vier Fotos aus, die der Reihe nach eingeblendet werden:

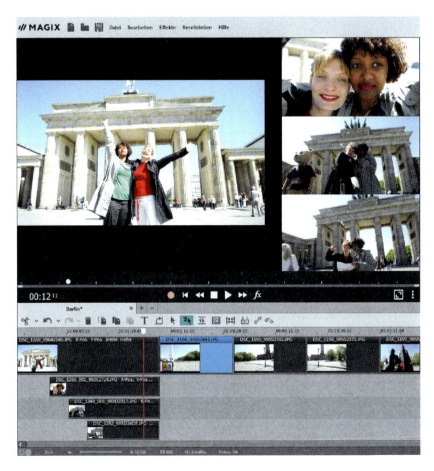

Um die Anzeigegröße und Position exakt anzupassen, nutzen Sie am besten die numerischen Eingabefelder im Effektdialog.

Und so könnte das Ergebnis mit einem Hintergrundbild für die Randbereiche (siehe Seite 189) aussehen:

Dekoration

In der Rubrik GESTALTUNG finden Sie allerlei vorgefertigte Bilder oder Filme, die mit den Bildern Ihrer Photostory kombiniert werden können. Wenn Sie z. B. einer Person einen lustigen Schnurrbart oder Hut verpassen wollen, sind Sie hier richtig. Auch cartoonmäßige Sprechblasen, Bilderrahmen, Hintergründe und kleine Filmchen finden sich hier.

Es gibt viele Arten von Deko-Elementen. Klicken Sie einfach mal durch die einzelnen Kategorien.

▶ Klicken Sie auf ein Element, um eine Vorschau zu erhalten.

▶ Um ein Deko-Element zu verwenden, klicken Sie auf den Einfüge-Pfeil im Media Pool.

Daraufhin erscheint ein zusätzliches Objekt auf der Spur unterhalb des Bildobjekts. Gleichzeitig wird im Vorschaumonitor ein Rahmen aufgezogen.

▶ Klicken Sie am Vorschaumonitor auf einen der Anfasserpunkte und ziehen Sie das Deko-Element auf die benötigte Größe.

▶ Anschließend klicken Sie auf das Deko-Element und schieben es an die richtige Stelle.

Schon haben Sie Ihr Bild dekorativ verschönert.

Stile

Unter STILE finden Sie viele verschiedene Animationen, mit denen Sie Ihre Photostory noch weiter verschönern können. Darunter sind auch Vor- und Abspänne, aber auch Bewegungseffekte und Effektkombinationen.

Am besten Sie schauen sich einfach an, was es alles gibt.

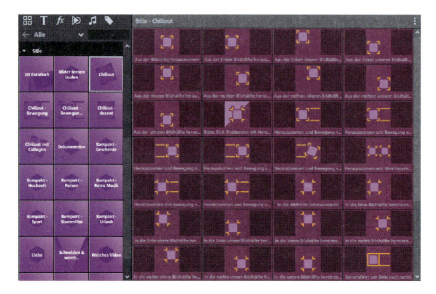

Die Handhabung erfolgt wie immer:

▶ Klicken Sie links auf eine der Kacheln,um die dazugehörigen Inhalte zu erreichen.
▶ Aktivieren Sie rechts bei den Inhalten die Vorschau über den Vorschau-Pfeil.
▶ Klicken Sie auf den Einfüge-Pfeil, wenn Sie ein Stil-Element nutzen wollen.

Store

Der sechste Reiter im Media Pool öffnet den Online-Shop von MAGIX, in dem Sie weitere Vorlagen und andere Inhalte erwerben und direkt im Programm nutzen können.

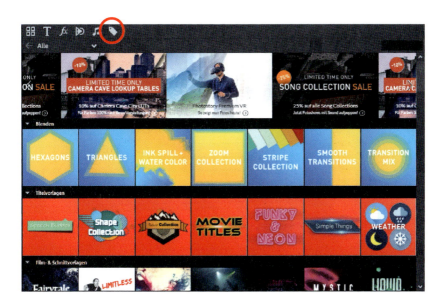

▸ Wählen Sie eine Kategorie (BLENDEN, TITELVORLAGEN, FILM- & SCHNITTVORLAGEN, INTRO-/OUTRO-ANIMATIONEN, THEMENPAKETE, FOTOLOOKS, GESTALTUNG, DEKORATION, SONGKOLLEKTIONEN oder SOUNDEFFEKTE).

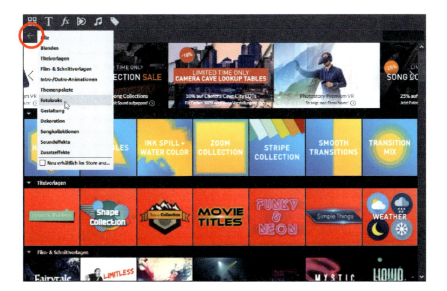

▶ Klicken Sie auf eine der verfügbaren Kacheln.

Zusatzmodul MOVIE TITLES

▶ Schauen Sie sich die Vorschauen und Informationen genauer an.

Vorschau

▶ Wenn Sie das Modul kaufen wollen, klicken Sie auf die Schaltfläche ZUM KAUF.

Zum Kauf

▶ Anschließend wählen Sie eine Zahlart und und folgen den weiteren Anweisungen.

Nach dem Kauf wird das Modul heruntergeladen und installiert. Manchmal muss es aus technischen Gründen manuell installiert werden. Dann öffnet sich der Download Manager, in dem Sie die manuelle Installation starten können.

Alle im Store gekauften Zusatzinhalte sind übrigens nicht an den Computer gebunden, sondern an Ihren MAGIX Account. Das heißt, Sie können die gekauften Inhalte auch auf anderen Computern verwenden.

Auch wenn Sie erstmal nichts kaufen möchten, sollten Sie sich zumindest die kostenlosen Module aus dem Store installieren.

*Free Sounds in der Rubrik **SOUNDEFFEKTE***

▶ Klicken Sie auf die Kachel, um die kostenlosen Inhalte anzuzeigen.

Detailseite

Das Verfahren ist im Prinzip dasselbe wie oben beim Kauf von Zusatzmodulen beschrieben. Als Kaufsumme wird hier 0,00 Euro berechnet. Sie müssen keinerlei Kaufdaten wie Bankverbindung oder Kreditkartennummer eingeben.

▶ Ihre neuen Inhalte erreichen Sie über die Schaltfläche ZUM ARTIKEL.

Nach dem Kauf

Dabei wird die Media-Pool-Kategorie geöffnet, in der jeweiligen Inhalte einsortiert wurden.

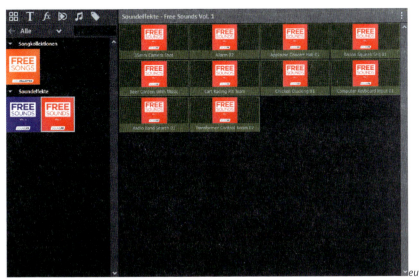

Soundeffekte im Audio-Reiter

Tonspur: O-Töne, Sprecherkommentare & Musik

Bislang haben wir uns immer nur um das Bild gekümmert. Doch eine Photostory hat auch eine akustische Dimension, die die Bilder mit Geräuschen, Sprecherstimmen oder Hintergrundmusik ergänzt.

In diesem Kapitel soll es um das Medium gehen, das Ihre Foto-Präsentation zu einer echten Multimedia-Show macht: die Tonspur.

Einführung

In der Stummfilmzeit gab es meistens einen Klavierspieler, der die bewegten Bilder live mit Musik unterlegte. Hier wurden die in den Bildern vermittelten Stimmungen durch die Musik akustisch illustriert und verstärkt. Das hat sich bis heute nicht geändert. Der Zuschauer ist es mittlerweile gewohnt, eine mit viel Musik, Soundeffekten und passendem Ton untermalte Multimedia-Show präsentiert zu bekommen, die auf Augen und Ohren gleichermaßen zielt.

Dies sollten Sie bei Ihren Photostories berücksichtigen. Doch welche akustischen Materialien soll man nehmen? Für die Tonspur bieten sich drei grundsätzliche Quellen an: Hintergrundgeräusche (O-Töne), Musik und Sprecherkommentare.

Wie kommt man an O-Töne?

Mit „O-Tönen" sollen hier originale Hintergrundgeräusche gemeint sein, also die akustische Umgebung in der Schnappschuss-Situation. Manche Kameras können auch Audiomaterial aufnehmen; bei Videokameras wird ohnehin immer eine Tonspur angelegt.

Tipp: Wenn Sie ein portables Aufnahmegerät (z. B. ein Diktiergerät) haben, nehmen Sie es mit auf Ihre Fotosafari! Zu den Fotos können Sie dann immer auch Audioaufnahmen produzieren, die die Hintergrundgeräusche dokumentieren.

Was aber, wenn man keine O-Töne hat? Dann hilft nur eins: nachstellen. Entweder „O-Töne" vergleichbarer Situationen nachträglich besorgen oder selber welche produzieren. Diese kleinen Fälschungen werden Ihnen die Zuschauer mit Sicherheit verzeihen; sie finden als „Nachvertonung" in fast allen Filmproduktionen statt und sorgen dafür, dass Ihre Photostory mehrdimensional und lebensecht wirkt.

MAGIX Photostory Deluxe liefert dafür ein Klangarchiv mit, das Sie im Media Pool im Import-Reiter unter **MAGIX SOUND-EFFEKTE** finden.

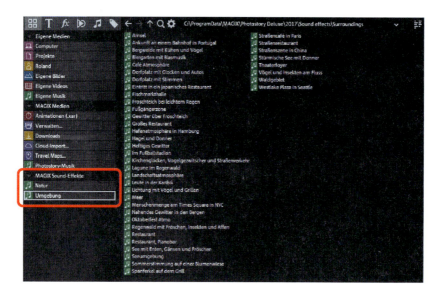

Weitere Soundeffekte finden Sie im Reiter **AUDIO** (siehe Seite 216).

Darüber hinaus können Sie sich eine eigene Geräuschbibliothek zulegen, mit der Sie Ihre Fotos nachträglich mit Hintergrundgeräuschen anreichern. Dazu können zählen:

- Stadtgeräusche (Autos, Hupen, Stimmen) für Stadt- und Straßenbilder
- Vogelgezwitscher für Naturfotos
- Stimmengewirr für Menschenmengen, z. B. Restaurantbilder
- Wasserplätschern für Fotos von Flüssen oder Wasserfällen
- Meeresrauschen

Alle Geräuschtypen sollten nach Möglichkeit in vielen Varianten vorliegen und eingesetzt werden, damit man nicht das Gefühl bekommt, mit immer dem gleichen Geräusch abgespeist zu werden.

Wenn Sie weitere Geräusche brauchen, können Sie sich im **STORE** (siehe Seite 199) in der Rubrik **SOUNDEFFEKTE** nach passenden Geräuschen umhören.

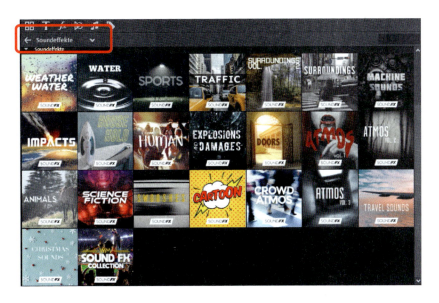

Soundeffekte im Store

Wann werden Sprecherkommentare benötigt?

Mithilfe von Titeln kann man Bilder und Videos „sprechen" lassen. Echte
Sprecherkommentare sind dann sinnvoll, wenn es viele zusätzliche Informationen zu
den Bildern gibt, die man nicht alle auf Untertiteln unterbringen kann. Und natürlich,
um eine persönlichere, kommunikativere Stimmung zu erzeugen. Eine menschliche
Stimme erzeugt normalerweise mehr Aufmerksamkeit als eine Schrift.

So bietet es sich in unserem Fall z. B. an, Informationen über das Brandenburger Tor
und dessen historische Rolle in einen bündigen Sprecherkommentar zu packen.
Dazu nutzen Sie die Aufnahmefunktion (siehe Seite 217).

Doch achten Sie darauf, Ihre Sprecherkommentare nicht zu ermüdenden Monologen
ausufern zu lassen. Die Bilder sprechen in den meisten Fällen für sich. Zuschauer sind
mit zu vielen Informationen schnell überfordert oder abgelenkt.

Wie findet man passende Musik?

Musik kann wichtiger Träger von Emotionen sein. Wenn Sie über eine größere
Musiksammlung verfügen, versuchen Sie doch mal, zwei grundverschiedene Stücke
– z. B. eine langsame Ballade und ein flottes Popmusik-Stück – unter Ihre Photostory
zu legen. Sie werden schnell erkennen, dass dieselben Bilder mit verschiedener
Untermalung völlig anders wirken.

Es ist also wichtig, die richtige Musik auszuwählen. Überlegen Sie sich, welche Emotionen Sie beim Anschauen der Photostory entfachen wollen. Eine Photostory über einen Besuch in einer Gedenkstätte sollte – wenn überhaupt – von ruhiger, melancholischer Musik begleitet werden. Fotos vom letzten Jahrmarkt wiederum können flotte Musik vertragen. Meist hilft das Motiv bei der Entscheidung: Haben Sie z. B. Bilder von Ihren Enkelkindern gemacht, nehmen Sie Kinderlieder.

Lassen Sie sich ganz allgemein weniger von Ihrem Musikgeschmack als von den Bildern Ihrer Photostory leiten.

Wenn Sie Ihre Photostory im Internet veröffenltichen wollen, sollten Sie die Rechtslage bedenken und nur GEMA-freie Musik verwenden.

Im Reiter AUDIO finden Sie eine Songkollektion, die Sie bedenkenlos verwenden können.

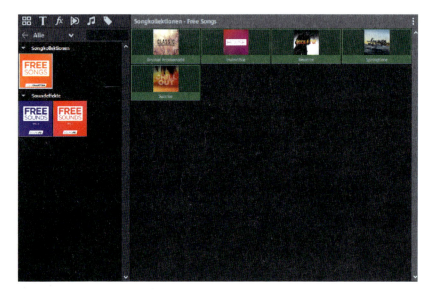

Weitere Songkollektionen finden Sie im STORE (SIEHE SEITE 199) in der Rubrik SONGKOLLEKTIONEN.

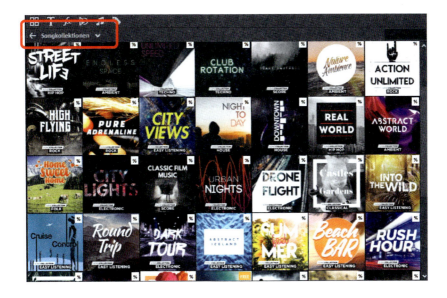

Audiomaterial einfügen

Prinzipiell funktioniert das Einfügen von Audiomaterial genauso wie bei Fotos und Videos.

▸ Navigieren Sie im Media Pool in das Verzeichnis, das die gewünschte Audiodatei enthält.

▸ Ziehen Sie die gewünschte Datei wie gewohnt in den Arranger.

Audio-Objekt bearbeiten

Nach dem Laden erscheint der geladene Musiktitel als Audio-Objekt in der Spur.

Viele Bearbeitungsmöglichkeiten erreichen Sie über das Kontextmenü. Mit der Option WELLENFORMDARSTELLUNG ERZEUGEN können Sie die Tonspur sichtbar machen. Dies ist für Detailbearbeitungen sinnvoll.

Die Wellenformanzeige bildet ein gezacktes Muster: Je höher der Zacken in der Wellenform, desto lauter ist der Ton an dieser Stelle.

Audio-Objekte verschieben

Zunächst die einfachste Bearbeitung: Wir haben uns umentschieden. Das von uns ausgewählte Lied soll als Untermalung früher anfangen. Es muss also nach vorne geschoben werden.

▸ Achten Sie darauf, dass Sie sich im MAUSMODUS FÜR EINZELNE OBJEKTE befinden. Klicken Sie über der Timeline auf die entsprechende Schaltfläche. Nun können Sie Objekte einzeln verschieben.

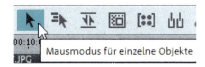

▸ Klicken Sie nun auf das Audio-Objekt und verschieben Sie es bei gehaltener Maustaste an die gewünschte Position.

Audio-Objekte schneiden

Wir möchten nun, dass unser Audio-Objekt exakt die Länge unserer Photostory hat.
Dazu müssen wir den hinteren Teil kürzen.

▸ Setzen Sie den Abspielmarker an das Ende Ihrer Photostory.

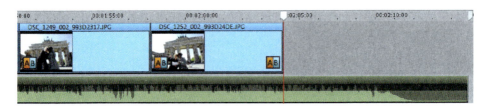

▸ Klicken Sie auf die Schaltfläche **ZERSCHNEIDEN** unterhalb des Videomonitors (oder
drücken Sie einfach die T-Taste auf der Computertastatur).

Ihr Audio-Objekt wurde nun in zwei Teile zerschnitten.

▸ Wenn Sie wie wir nur einen Teil des Objektes verwenden möchten, markieren Sie
den Teil, den Sie löschen möchten, und drücken Sie die Entf-Taste Ihrer
Computertastatur.

Schon haben Sie Ihr Audio-Objekt der Länge Ihrer Photostory angepasst.

Damit das Audio-Objekt am Ende nicht einfach abbricht, sollten Sie es ausblenden.

▶ Dazu ziehen Sie den hinteren Anfasser nach vorne.

Objekte verlängern/kürzen

Soeben haben wir das Audio-Objekt geschnitten. Dies ist vor allem dann praktisch, wenn man das Ende eines Objekts genau auf das Ende der Photostory abstimmen will. Eine gute Alternative zum Schneiden ist das Verlängern oder Kürzen von Objekten. Dazu dienen die beiden unteren Objektanfasser.

▶ Ziehen Sie einfach an einem der Anfasser – das Objekt wird automatisch eingekürzt oder verlängert.

Die Verlängerung des Objekts funktioniert nur, wenn vorher ein Teil weggeschnitten oder das Objekt am Anfasser verkürzt wurde. Wenn das Ende der Audiodatei erreicht ist, kann man das zugehörige Objekt nicht verlängern.

Experimentieren Sie ruhig, mit der Tastenkombination Strg + Z lässt sich alles wieder rückgängig machen.

Lautstärke bearbeiten

Die Lautstärke von Audio-Objekten wird über die drei oberen Objektanfasser gesteuert, die erscheinen, wenn Sie mit der Maus über das Objekt fahren.

Die Anfasser links und rechts oben dienen dazu, die Lautstärke am Anfang bzw. Ende abzusenken, so dass das Objekt langsam lauter bzw. leiser wird. Der Anfasser in der Mitte dient der generellen Lautstärkeanpassung.

Wir wollen die Gesamtlautstärke etwas heruntersetzen. Die Musik soll ja nur Untermalung sein. Also ziehen wir den mittleren Anfasser etwas nach unten.

Mit den drei Anfassern lässt sich jedoch nur Anfang, Ende und Gesamtlautstärke regeln. Sie können darüber hinaus auch den kompletten Lautstärkeverlauf an jeder Stelle des Objekts genau einstellen. Dazu gibt es die Lautstärkekurve, die Sie im Kontextmenü über **LAUTSTÄRKEKURVE** > **ANZEIGEN** aktivieren.

Daraufhin erscheint eine Kurve im Objekt, mit der Sie den Lautstärkeverlauf steuern. Ein Doppelklick auf die Kurve erzeugt einen Kurven-Anfasser. Jeder Anfasser lässt sich mit der Maus frei verschieben.

Um also eine bestimmte Stelle leiser zu stellen, doppelklicken Sie vor und hinter der Stelle und ziehen die beiden Kurven-Anfasser nach unten:

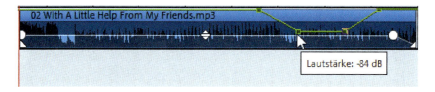

Tipp: Wenn Sie eine bestimmte Stelle komplett ausblenden wollen, ziehen Sie die Anfasser einfach ganz nach unten.

Videos mit Tonspur

Wenn Sie ein Video importieren, wird dieses in der Timeline zunächst ohne Tonspur angezeigt.

Die Tonspur können Sie aber sichtbar machen. Dazu wählen Sie im Kontextmenü
AUDIO UND WELLENFORMDARSTELLUNG > WELLENFORMDARSTELLUNG ERZEUGEN.

Nun zeigt der obere Teil des Objekts das Videobild, der untere den Ton. Auch für die Tonspur eines Videos gibt es die Möglichkeit, mit Lautstärkekurven zu arbeiten. Dazu wählen Sie im Kontextmenü **AUDIO UND WELLENFORMDARSTELLUNG > LAUTSTÄRKEKURVE > ANZEIGEN**.

Tipp: Mit der Lautstärkekurve von Videoobjekten können Sie die Störgeräusche auf der Tonspur – vorbeifahrende Autos, Räuspern, Mikrofonknackser – eliminieren.

Songkollektionen & Soundeffekte

Im **AUDIO**-Reiter des Media Pool gibt es zwei Rubriken **SONGKOLLEKTIONEN** und **SOUNDEFFEKTE**, in denen Sie lizenzfreie, frei einsetzbare Hintergrundmusik und verschiedene Geräusche finden.

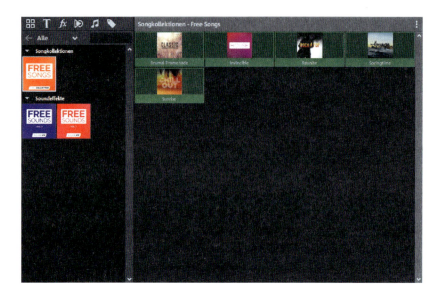

Songkollektionen

Soundeffekte

Die Benutzung ist wie immer:

▶ Über die Pfeil-Schaltfläche erhalten Sie eine Vorschau.
▶ Um einen Song oder einen Soundeffekt einzusetzen, ziehen Sie ihn am
  einfachsten mit gehaltener Maustaste (Drag & Drop) in Ihr Projekt.

Weitere Soundeffekte finden Sie übrigens im Import-Reiter des Media Pool unter
MAGIX SOUND-EFFEKTE.

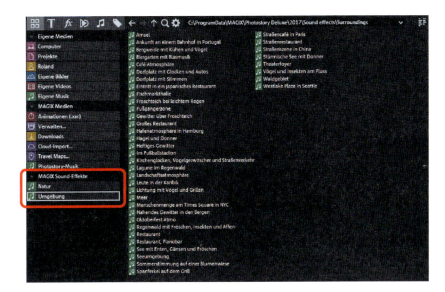

Kommentar zur Photostory aufnehmen

Nun wollen wir einen Sprecherkommentar aufnehmen.

Vorbereitung

Um einen Kommentar einsprechen zu können, müssen Sie über ein Mikrofon
verfügen. Laptops haben ein solches Mikrofon meist schon eingebaut. Ansonsten
können Sie jedes handelsübliche Mikrofon verwenden, für das Ihr Computer einen
Anschluss besitzt.

In den meisten Fällen wird das externe Mikrofon über den Mic-In-Anschluss (zu
erkennen am Mikrofon-Symbol neben dem Anschluss) Ihrer Soundkarte oder über
USB verbunden. Die überwiegende Mehrheit halbwegs aktueller Computer bietet
diese Anschlüsse.

Kommentar einsprechen

Um die Aufnahme des Kommentars zu starten, klicken Sie auf die Aufnahme-Schaltfläche unter dem Videomonitor.

Es öffnet sich der Dialog AUDIOAUFNAHME.

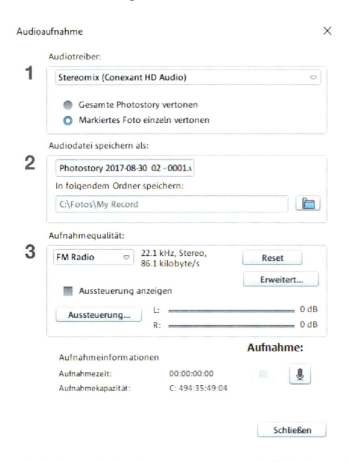

▸ Stellen Sie im Punkt 1 Ihren AUDIOTREIBER ein, falls dieser nicht automatisch ausgewählt wurde. Zudem können Sie auswählen, ob Sie die gesamte Photostory oder ein einzelnes Foto vertonen möchten. Wenn Sie die zweite Option wählen, wird die Anzeigedauer des Bildes automatisch an die Länge Ihres Kommentars angepasst. Sie können nach getätigter Aufnahme den Dialog auch offen lassen und ein weiteres Bild auswählen, das Sie vertonen möchten.

▸ Unter Punkt 2 stellen Sie ein, wo Ihre Aufnahme abgespeichert wird und wie sie heißen soll. Wählen Sie einen eindeutigen Namen, so dass Sie die Aufnahme schnell wiederfinden.

▶ Unter Punkt 3 stellen Sie die AUFNAHMEQUALITÄT und AUSSTEUERUNG ein und legen die erweiterten Optionen fest.

Erweiterte Aufnahmeeinstellungen

Erweitert...

Die Schaltfläche ERWEITERT öffnet den Dialog ERWEITERTE EINSTELLUNGEN.

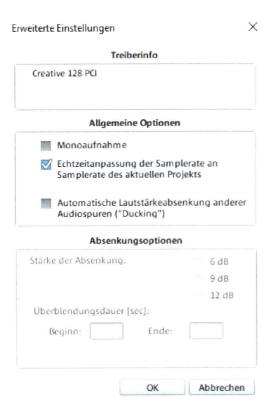

MONOAUFNAHME verringert den benötigten Speicherplatz für Ihre Datei. Bei Sprecherkommentaren sollten Sie diese Option in jedem Fall auswählen.

ECHTZEITANPASSUNG DER SAMPLERATE AN SAMPLERATE DES AKTUELLEN PROJEKTS sollten Sie aktiviert lassen.

AUTOMATISCHE LAUTSTÄRKEABSENKUNG ANDERER AUDIOSPUREN („DUCKING"): Diese Funktion verringert die Lautstärke der Musikspur während des Sprecherkommentars. So können Sie Musik in das Projekt einfügen und danach Kommentare einsprechen, ohne befürchten zu müssen, dass man Sie nicht versteht, weil die Musik zu laut ist. Wenn Sie diese Funktion aktivieren, werden die ABSENKUNGSOPTIONEN verfügbar.

Dort stellen Sie die STÄRKE DER ABSENKUNG ein. 9 dB sind dabei ein guter Mittelwert. Sollten Sie aber feststellen, dass der Kommentar im Vergleich zu den anderen Geräuschen noch zu schwach ist, können Sie auch 12 dB einstellen. Außerdem können Sie die ÜBERBLENDUNGSDAUER, also die Zeit vor und nach der Aufnahme, in der die andere Tonspur abgesenkt bleibt, einstellen. Auch hier fahren Sie mit den voreingestellten 0,7 Sekunden recht gut.

Aufnahme starten
▸ Wenn Sie zufrieden mit den Einstellungen sind, klicken Sie im Audioaufnahme-Dialog auf die Aufnahmeschaltfläche.

Die Aufnahme beginnt. Sprechen Sie Ihren Kommentar.

▸ Sobald Sie fertig sind, klicken Sie auf die Stopp-Schaltfläche.

Es folgt eine Abfrage, ob Sie die Aufnahme verwenden wollen oder nicht.

▸ Wählen Sie VERWENDEN, wenn Sie mit der Aufnahme zufrieden sind, AUFNAHME WIEDERHOLEN, um es erneut zu versuchen, oder LÖSCHEN, um alles zu verwerfen.

Die Aufnahme wird nun als Audio-Objekt auf die Tonspur unter Ihrer Photostory eingefügt.

Wiederholen Sie diesen Vorgang ggf. für jedes Bild, das vertont werden soll.

Tipp: Selbstverständlich sind Sie nicht auf Sprecherkommentare beschränkt. Sie können auch Geräusche oder Material von einer Stereoanlage aufnehmen und verwenden (siehe Seite 232).

Tonoptimierung

Die Tonoptimierung beseitigt Störungen im Tonmaterial. Sie rufen sie über einen Doppelklick auf ein Audio-Objekt oder per Rechtsklick über das Kontextmenü auf.

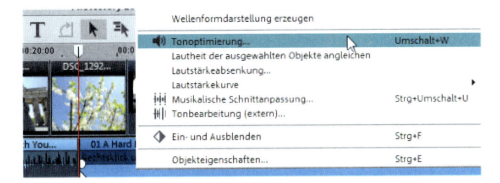

Hinweis: Bei Video-Objekten mit integrierter Audiospur erreichen Sie die Tonoptimierung im Kontextmenü unter AUDIO UND WELLENFORMDARSTELLUNG.

Störgeräuschbefreiung

Im ersten Reiter des Dialogs sind drei Effekte DECLIPPER, DENOISER und DEHISSER verfügbar.

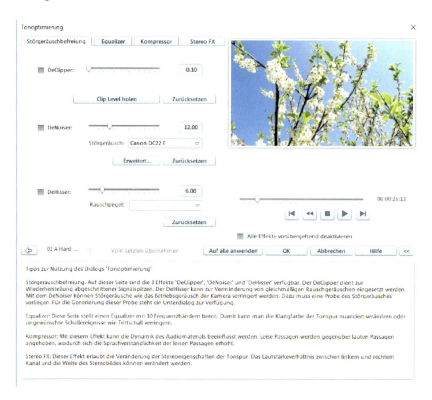

Der DECLIPPER kann abgeschnittene Signalspitzen wiederherstellen. Dazu können Sie das CLIP LEVEL automatisch bestimmen lassen oder mit dem Schieberegler den Pegel einstellen, ab dem das Signal als übersteuert gewertet wird.

Mit dem DENOISER entfernen Sie dauerhafte Störgeräusche, wie zum Beispiel das Laufwerksgeräusch der Videokamera. Dazu benötigen Sie das reine Störgeräusch, um einen Filter zu erstellen. Unter STÖRGERÄUSCH finden Sie einige mitgelieferte Proben. Wechseln Sie auf ERWEITERT, um das Störgeräusch selbst zu erzeugen und als weitere Auswahl abzuspeichern.

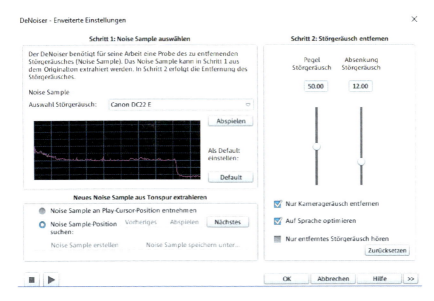

Im Dialog finden Sie weitere Erklärungen, wie genau man eine Probe des Störgeräuschs erzeugt.

Zurück zum Hauptdialog STÖRGERÄUSCHBEFREIUNG: Mit dem Schieberegler stellen Sie den Grad der Dämpfung beim DENOISER ein.

Der DEHISSER schließlich beseitigt gleichmäßiges Rauschen, wie es bei analogen Aufnahmen vorkommt, z. B. Bandrauschen. Mit dem Schieberegler stellen Sie die Dämpfungsstärke ein, unter RAUSCHPEGEL stehen Ihnen verschiedene Stärken zur Auswahl.

Sobald ein Parameter geändert wird, erscheint ein Häkchen in der Checkbox. Die Effekte lassen sich über die Schaltfläche ZURÜCKSETZEN einzeln auf ihren Ausgangswert zurückbringen.

Mit den Steuertasten unter dem Vorschaumonitor spielen Sie Ihren Clip ab und hören die Änderungen. Die Option ALLE EFFEKTE VORÜBERGEHEND DEAKTIVIEREN schaltet die Änderungen zu Vergleichszwecken aus.

Sie können mit den Steuertasten direkt zum nächsten oder vorherigen Audio-Objekt springen und die Einstellungen mit VOM LETZTEN ÜBERNEHMEN kopieren. AUF ALLE ANWENDEN ändert alle Clips des aktuellen Films.

Equalizer

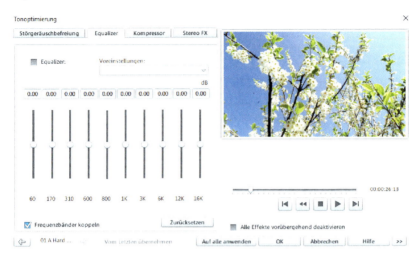

Der 10-Band-Equalizer stellt Ihnen zehn Regler für die Anpassung unterschiedlicher Frequenzbänder zur Verfügung. Hiermit können Sie zum Beispiel die Höhen anheben, um eine bessere Sprachverständlichkeit zu erzielen, oder Trittschall durch Absenkung der Bassbereiche vermindern.

Mit der Option FREQUENZBÄNDER KOPPELN werden benachbarte Regler mitbewegt, um keine Überbetonung einzelner Frequenzbänder zu erhalten.

Kompressor

Der KOMPRESSOR stellt einen einheitlichen Sound her, indem er laute Passagen absenkt und den Gesamtsound wieder anhebt – eine automatische

Lautstärkeanpassung sozusagen. Mit dem Schieberegler stellen Sie die **STÄRKE** ein, unter **FUNKTION** finden Sie verschiedene Voreinstellungen. Der Kompressor ist insbesondere für Sprachaufnahmen empfehlenswert.

Stereo FX

Hier bearbeiten Sie das Stereo-Panorama. Über den Schieberegler **STEREOBREITE** wird der Stereoeffekt dosiert. Eine große Stereobreite ergibt einen weiten Raumklang, eine schmale ergibt Mono. Die Ausrichtung auf den linken oder rechten Tonkanal wird über **BALANCE** eingestellt.

Hintergrundmusik selber erzeugen (Soundtrack Maker)

Wenn Sie weder ein Mikrofon zur Hand haben noch über geeignete Audiodateien verfügen, ist der Soundtrack Maker eine gute Option, um Ihre Photostory schnell mit einer passenden und dabei sogar „selbstgemachten" Musik zu untermalen.

Sie finden den Soundtrack Maker im Menü BEARBEITEN unter ASSISTENTEN > SOUNDTRACK MAKER.

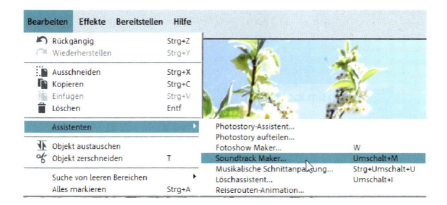

Es öffnet sich der Soundtrack Maker:

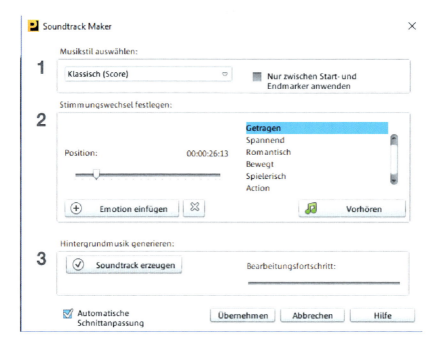

▸ Unter Punkt 1 wählen Sie einen Musikstil aus. Zur Verfügung stehen **KLASSISCH, FUNKY, ENTSPANNT, TEMPERAMENTVOLL** und **SPORTLICH**. Wenn Sie einen Start- und Endmarker setzen, können Sie das Vertonen auf einen bestimmten Ausschnitt Ihrer Photostory begrenzen.

▸ Zum Festlegen eines Stimmungswechsels fahren Sie unter Punkt 2 mit dem Schieberegler eine Position in der Photostory an und wählen eine Emotion aus. Mit **EMOTION EINFÜGEN** wird diese ab der Wiedergabeposition eingefügt.

Tipp: Emotionen sollten immer zwischen 36 Sekunden und vier Minuten lang sein, andernfalls ergibt sich ein zu heftiges Wechselbad der Gefühle.

▸ Über die Schaltfläche **VORHÖREN** können Sie die vorgeschlagene Musik anhören.

▸ Zum Generieren der Hintergrundmusik klicken Sie unter Punkt 3 auf **SOUNDTRACK ERZEUGEN**.

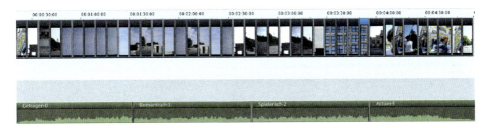

Nach dem Erstellen können Sie leicht Variationen Ihrer Musik erzeugen. Dazu klicken Sie auf die Schaltfläche **VARIATION ERZEUGEN**. Soll nur eine bestimmte Emotion geändert werden, wählen Sie diese zuvor aus und aktivieren das entsprechende Kontrollkästchen.

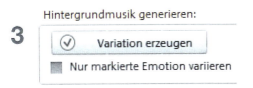

Mit der Option **AUTOMATISCHE SCHNITTANPASSUNG** (s. u.) passen Sie beim Erstellen die Musik Ihrem individuellen Schnitt an. Mit **ÜBERNEHMEN** beenden Sie den Dialog und erhalten die Vertonung in der Timeline.

Fotowechsel an Musik anpassen

Eine Musikuntermalung wirkt besonders gut, wenn die Übergänge im Takt der Musik stattfinden. Dazu gibt es die erstaunliche Funktion der musikalischen Schnittanpassung. Damit können Sie rhythmische Musik so analysieren, dass der Bildwechsel automatisch an die Musik angepasst werden kann – die Bilder beginnen zu tanzen.

Die MUSIKALISCHE SCHNITTANPASSUNG erreichen Sie per Rechtsklick auf ein Audioobjekt.

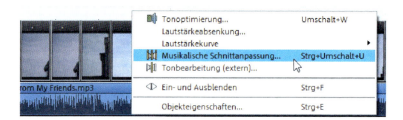

Im Normalfall werden noch keine gespeicherten Taktinformationen für Ihr Audio-Objekt vorliegen. Daher erhalten Sie folgende Meldung.

▶ Wählen Sie ASSISTENTEN ÖFFNEN. Es öffnet sich der MAGIX REMIX AGENT.

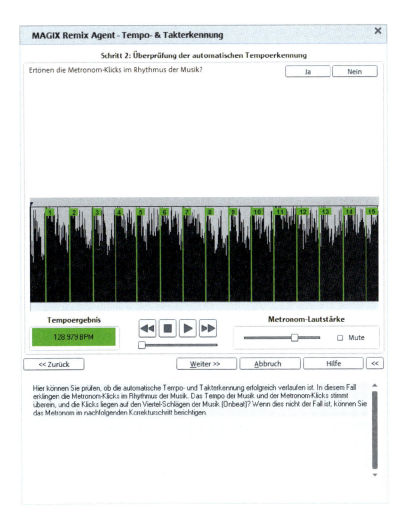

▸ Folgen Sie den Anweisungen im Dialog, um den Takt zu bestimmen. Die Informationen werden anschließend mit dem Audio-Objekt gespeichert.

Anschließend werden die Objektlängen auf der Bildspur automatisch den Taktinformationen angepasst, so dass Ihre Übergänge genau im Takt erfolgen.

Audio extern bearbeiten

Außerdem steht Ihnen ein leistungsfähiger Audio-Editor zur Verfügung, mit dem Sie
Ihr Audiomaterial professionell nachbearbeiten können. Sie erreichen ihn per
Rechtsklick auf ein Audio-Objekt über die Option **TONBEARBEITUNG (EXTERN)**.

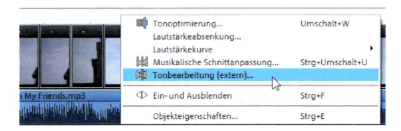

Es öffnet sich der MAGIX Music Editor mit dem geladenen Audio-Objekt:

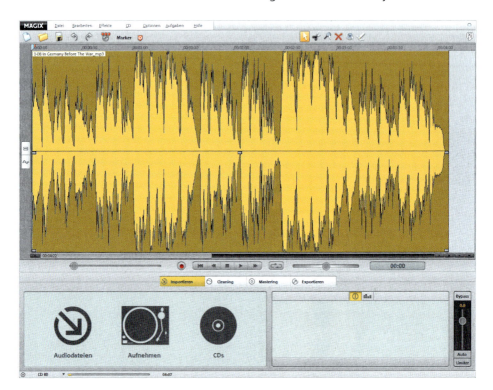

Hier können Sie das Tonmaterial exakt schneiden und neben den auch in MAGIX
Photostory Deluxe verfügbaren Tonoptimierungen noch „echte" Effekte wie Hall,
Echo und Stereo FX einsetzen.

Tipp: Benutzen Sie die Effekte mal für Ihre O-Töne und Geräusch-Samples. Sie
können eindrucksvolle Soundlandschaften erzeugen.

Das Audiomaterial wird in Großansicht angezeigt, so dass Sie viel genauer sehen, wo Sie sich befinden.

▸ Wählen Sie einfach im Menü EFFEKTE einen Effekt aus, stellen Sie die Parameter ein und hören Sie sich das Ergebnis an.
▸ Über die Schaltflächen Cleaning und Mastering können Sie zudem einige der wichtigsten Bearbeitungen vornehmen.
▸ Um Ihr Material zu schneiden, setzen Sie den Abspielmarker an die gewünschte Position und klicken Sie auf die Scheren-Schaltfläche. Einzelne Bereiche können Sie dann markieren und durch Drücken der Entf-Taste löschen.

Zur genauen Bedienung der umfangreichen Funktionen lesen Sie bitte die Hilfe, die sich über die F1-Taste öffnen lässt.

Tipp: Der MAGIX Music Editor empfiehlt sich auch als separates Spezialwerkzeug zum Brennen von Audio-CDs. Sie können bequem alle CD-Tracks der Reihe nach laden, falls nötig im Sound optimieren und aneinander anpassen und per Knopfdruck direkt als Audio-CD brennen.

Weitere Tipps & Tricks

Songs ineinander mixen: Sie sind bei der Hintergrundmusik nicht auf einen Song beschränkt. Sie können auch mehrere Hintergrundsongs ineinander mischen. Ziehen Sie einfach den nächsten Song etwas über den vorherigen. Dabei wird eine automatische Überblendung („Crossfade") angelegt, bei der die Songs ineinander übergehen. Wahrscheinlich werden Sie beide Songs noch kürzen wollen. Sie können die Songs wie üblich schneiden oder mit den Objekt-Anfassern zusammenschieben und beliebig feinjustieren. Crossfades dauern normalerweise zwischen 5 und 7 Sekunden.

Effekteinstellung überprüfen: Wie für Bildobjekte gilt auch für Audio-Objekte: Wenn Sie sich nicht mehr sicher sind, welche Effekte schon zum Einsatz gekommen sind, können Sie die jeweilige Effekteinstellung direkt an den Objekten im Timeline-Modus ablesen. Sie werden stichwortartig hinter dem Dateinamen aufgelistet.

Störgeräusche von Tonspuren entfernen: Bei Video- oder Mikrofonaufnahmen kommt es oft vor, dass die O-Töne unerwünschte Störgeräusche mit sich bringen: Windgeräusche, vorbeifahrende Autos, überlaute Knackser, wenn das Mikro aus Versehen irgendwo gegengekommen ist, Räuspern und ähnliches. Solche Störgeräusche entfernen Sie am einfachsten, indem Sie die Lautstärkekurve des Tonspur-Objekts aktivieren und die entsprechende Stelle mithilfe von Kurvenanfassern komplett ausblenden. Lesen Sie dazu den Abschnitt „Lautstärke bearbeiten" (siehe Seite 213).

Sprecherkommentare: Was schon bei Titeln galt, gilt auch für Sprecherkommentare: Ein Kommentar sollte nicht einfach das Offensichtliche in Worte fassen, was in den Bildern ohnehin zu sehen ist. Das wäre eine simple Verdoppelung der Information. Sondern er sollte etwas Neues, Zusätzliches anbringen, z. B. einen emotionalen Kommentar, Hintergrundinformationen, Vor- oder Rückgriffe. Denn die Bilder sollten möglichst für sich alleine sprechen. Dinge, die der Betrachter selber sehen kann, müssen nicht auch noch gesagt werden.

O-Ton: Der Originalton beim Video sollte möglichst nie ganz weggeschnitten werden: ganz ohne Ton wirkt das Video steril und weniger authentisch. Gesprochene Kommentare sollten immer so abgemischt werden, dass der Originalton im Hintergrund noch wahrgenommen wird.

CD-Audiotracks laden: Sie können auch eine Audio-CD als Untermalung Ihrer Photostory verwenden. Legen Sie sie ins Laufwerk und steuern Sie sie im Media Pool an. Ziehen Sie das gewünschte Lied einfach direkt in Ihre Photostory. Dabei wird der CD-Track auf die Festplatte kopiert; ein Fenster informiert mit einer Fortschrittsanzeige. Sie können auch mehrere CD-Titel in einem Rutsch kopieren.

Markieren Sie sie wie üblich mit der Strg-Taste und ziehen Sie den kompletten Block in den Arranger.

Aufnahmen im Music Editor durchführen: Für eigene Aufnahmen – z. B. von Geräuschen oder von Musikkassetten über die Stereoanlage – können Sie auch den Music Editor verwenden. Hier verfügen Sie über wesentlich mehr Funktionen für die Aufnahme und zur weiteren Nachbearbeitung (siehe Seite 230).

Stereoanlage anschließen: Möglicherweise haben Sie z. B. eine alte Kassettenaufnahme, die Sie über ein Mikrofon gemacht haben und nun als O-Ton verwenden wollen? Dann ergibt sich die Frage, wie Sie den Kassettenrekorder oder die Stereoanlage mit dem Computer verbinden, um die Aufnahme in MAGIX Photostory Deluxe zu überspielen:

- Wenn Sie Musik von einer Stereoanlage überspielen wollen, benutzen Sie den Line-In-Eingang Ihrer Soundkarte. Wenn der Verstärker Ihrer Stereoanlage über separate Line-out- bzw. Aux-out-Buchsen verfügt, sollten Sie diese Buchsen benutzen. Dazu müssen Sie diese mit dem (meist blauen) Line-In-Eingang der Soundkarte verbinden. Meistens bietet der HiFi-Verstärker Cinch-Buchsen und die Soundkarte Mini-Stereo-Klinkenbuchsen. Sie müssten sich also ein entsprechendes Kabel mit zwei Cinch-Steckern und einem Mini-Stereo-Klinkenstecker aus dem Fachhandel besorgen.
- Wenn der Verstärker über keine separaten Ausgänge (außer den Boxenanschlüssen) verfügt, können Sie auch den Kopfhörer-Anschluss für die Aufnahme benutzen. Dazu brauchen Sie (in der Regel) ein Kabel mit Stereo bzw. Mini-Stereo-Klinkensteckern. Dieser Anschluss hat den Vorteil, dass der Pegel des Signals am Kopfhörer-Eingang mit einem separaten Volume-Regler eingestellt werden kann. Allerdings sind die Kopfhörer-Anschlüsse nicht sehr hochwertig. Deshalb sollten Sie, wenn möglich, die Line-Out-Ausgänge verwenden.
- Bei Kassetten-Überspielungen von einem Kassettendeck können Sie auch die Line-Out-Anschlüsse des Kassettendecks direkt an den Line-Eingang der Soundkarte anschließen. Bei Schallplatten-Überspielungen sollten Sie jedoch die Ausgänge des Plattenspielers nicht direkt an die Soundkarte anschließen, weil das Phono-Signal erst vorverstärkt werden muss. Hier bleibt meist nur die Lösung über den Kopfhörer-Anschluss oder über einen externen Vorverstärker.

Spezialfunktionen: Ihre persönlichen Assistenten

Wem das alles zu kompliziert oder langwierig ist, der kann auf eingebaute Helfer zurückgreifen. Mit dem **PHOTOSTORY-ASSISTENT** oder dem **FOTOSHOW MAKER** wird die Photostory im Handumdrehen automatisch erstellt.

Die Effekte im Media Pool bieten eigentlich alles, was man im Photostory-Alltag so braucht. Wem das nicht genügt, der kann auf die erweiterte Bildbearbeitung der Option **BILDER EXTERN BEARBEITEN** zurückgreifen.

Die **PANORAMAFUNKTION** bietet die Möglichkeiten, angrenzende Fotos zu einem breiten Panoramabild zusammenzusetzen, das man anschließend mit einer virtuellen Kamerafahrt präsentieren kann.

Die Reiserouten-Animation **TRAVEL MAPS** bietet Ausflüglern wie Weltreisenden die Möglichkeit zu zeigen, wo es langging.

Die **ANIMATIONEN (.XAR)** bieten animierte Pfeile, Bauchbinden und sogar Balken- und Tortendiagramme, um Statistiken in Ihren Photostories einzubinden. Dazu benötigen Sie das Programm Xara Designer Pro.

Über das **MENÜ BEREITSTELLEN** können Sie verschiedene Programme von MAGIX miteinander vernetzen.

Und zu guter Letzt lüften wir die Geheimnisse der dritten Dimension und machen unsere Photostory mit **360°-VIDEOS** oder in **STEREO3D** räumlich.

Photostory-Assistent

Der Photostory-Assistent ist der Helfer in der Not, wenn Sie wenig Zeit haben, aber schnell eine gute Photostory benötigen. Er ist nicht zu verwechseln mit dem Fotoshow Maker (siehe Seite 240), der ebenfalls automatische Photostories erstellt. Der Unterschied: Der Fotoshow Maker ergänzt eine bereits bestehende Photostory mit Animationen und Musik. Der Photostory-Assistent legt eine Photostory komplett neu an und führt Sie dabei durch sämtliche Schritte. Er lässt sich auch verwenden, um die Fotos vorab zusammenzustellen und in die Hauptoberfläche zu importieren.

Sie rufen den Assistenten entweder direkt im Startdialog auf (Option NEUE PHOTOSTORY) oder über die Menüs DATEI > NEU > PHOTOSTORY-ASSISTENT und BEARBEITEN > PHOTOSTORY-ASSISTENT ÖFFNEN.

Fotos zusammenstellen

Nach dem Start des Assistenten stellen Sie als erstes Ihre Fotos zu einer Photostory zusammen.

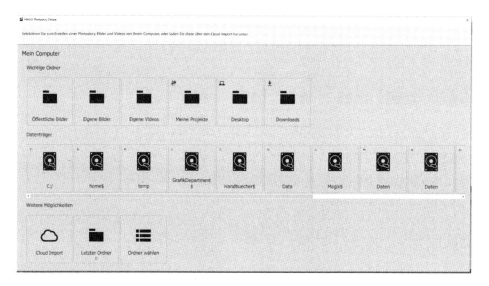

▶ Oben erscheinen WICHTIGE ORDNER, in denen Fotos gespeichert sein könnten.
▶ In der Mitte erreichen Sie sämtliche DATENTRÄGER Ihres Computers und können Ihre Foto-Ordner gezielt ansteuern.
▶ Unten werden WEITERE MÖGLICHKEITEN zum Foto-Import aus der Cloud, aus dem zuletzt aufgerufenen Ordner oder über einen klassischen Windows-Importdialog angeboten.

Öffnen Sie also einen Ordner, in denen Ihre Fotos liegen, und starten Sie mit der Auswahl der Fotos, die Sie in Ihre Show aufnehmen möchten.

Klicken Sie der Reihe nach auf alle Bilder, die Sie in der Photostory verwenden wollen. Ein zweiter Klick hebt die Auswahl wieder auf. Auf die Reihenfolge kommt es nicht an, die können Sie später noch ändern.

Bei vielen Fotos können Sie aus der Ansicht herauszoomen, um mehr Bilder gleichzeitig zu sehen.

Über die Pfadanzeige navigieren Sie zu anderen Ordnern, um weitere Fotos hinzuzufügen.

Über **MEIN COMPUTER** kommen Sie zur Startansicht zurück.

Nach der Auswahl erscheint oben eine zusätzliche Schaltfläche: **SORTIEREN**. Damit können Sie die ausgewählten Fotos in die richtige Reihenfolge bringen.

Schieben Sie einfach die Vorschaubilder in die richtige Reihenfolge und klicken Sie dann auf **ÜBERSICHT**.

Dadurch schalten Sie zurück in die Auswahlansicht.

Sobald Sie mit Auswahl und Sortierung fertig sind, klicken Sie auf die Schaltfläche **PHOTOSTORY ERSTELLEN**.

Photostory bearbeiten

Nun wird die zweite Seite des Assistenten geöffnet. Wenn Sie den Assistenten nur zum Zusammenstellen der Fotos benutzen wollen, klicken Sie oben direkt auf **MANUELL BEARBEITEN**. Dadurch wird der Assistent geschlossen und die Fotoauswahl in die Hauptoberfläche übernommen.

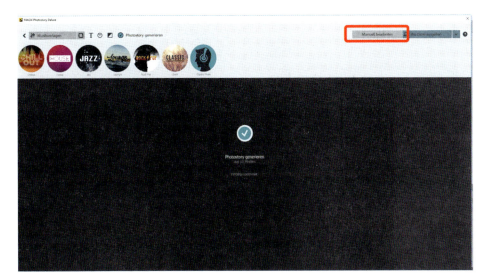

Ansonsten können Sie auch im Assistenten Ihre Photostory bearbeiten und fertigstellen.

Oben können Sie eine Hintergrundmusik auswählen.

Über die obere Symbolleiste erreichen Sie weitere Bearbeitungsmöglichkeiten.

T   Hier öffnen Sie ein Eingabefeld für einen Introtext. Außerdem können Sie einen effektvollen Textstil verwenden.

⊙   Hier stellen Sie ein, wie lange jedes Foto angezeigt werden soll.

◪   Hier dosieren Sie die automatischen Effekte, Animationen und Überblendungen.

Zum Schluss erzeugen Sie aus diesen Vorgaben Ihre Photostory, indem Sie auf **PHOTOSTORY GENERIEREN** klicken. Anschließend wird die Show im unteren Bereich abgespielt.

Wenn Sie mit der Show zufrieden sind, können Sie sie direkt **ALS DATEI AUSGEBEN**.

Ansonsten können Sie die Vorgaben im Assistenten verändern oder die Photostory in der Hauptoberfläche **MANUELL BEARBEITEN**.

Fotoshow Maker

Der Fotoshow Maker erzeugt automatisch eine ansprechende Photostory mit Musik, Effekten und Blenden. Er ist dem erwähnten Photostory-Assistenten (siehe Seite 235) ähnlich, setzt aber voraus, dass Sie die Bilder bereits geladen und in eine sinnvolle Reihenfolge gebracht haben.

Sie aktivieren ihn über das Menü BEARBEITEN > ASSISTENTEN > FOTOSHOW MAKER.

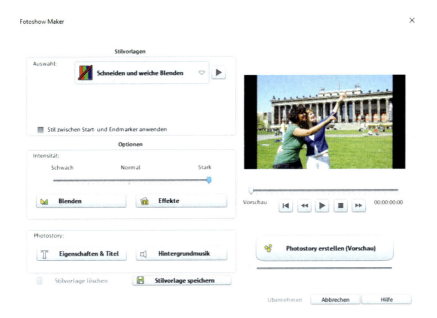

Die Funktionsweise ist denkbar einfach:

► Ganz oben wählen Sie eine STILVORLAGE aus.
► Darunter in den OPTIONEN stellen Sie die Intensität der Effekte und Überblendungen ein. Klicken Sie auf die BLENDEN- oder EFFEKTE- Schaltfläche, um festzulegen, welche Blenden- bzw. Effektarten Verwendung finden sollen.
► Über die Schaltfläche EIGENSCHAFTEN & TITEL legen Sie fest, ob die Länge der Photostory an die Musik oder umgekehrt die Musik an die Photostory angepasst werden soll. Außerdem können Sie bestimmen, ob Videos in der Originallänge verwendet oder gekürzt werden und ob zusammengehörige Aufnahmen gruppiert werden sollen. Schließlich legen Sie fest, ob ein Vor- oder Abspann erscheinen soll und welchen Text dieser enthält.
► Unter HINTERGRUNDMUSIK wählen Sie eine passende Musikdatei, die als Hintergrund-Untermalung genommen wird.
► Zum Schluss klicken Sie auf PHOTOSTORY ERSTELLEN (VORSCHAU), um das Ergebnis zu begutachten.

Tipp: Hier empfehlen sich mehrere Versuche hintereinander mit unterschiedlichen Einstellungen, bis Sie ein Ergebnis bekommen, das Ihnen gefällt.

Bilder extern bearbeiten (MAGIX Foto Designer)

Die externe Bildbearbeitung wird mit dem mitgelieferten Programm MAGIX Foto Designer durchgeführt. Um ein Bild extern zu bearbeiten, markieren Sie das gewünschte Bild und wählen im Menü EFFEKTE > BILDBEARBEITUNG (EXTERN).

Im nächsten Dialog können Sie auswählen, welche Bearbeitung Sie durchführen möchten.

Bereiche aufhellen

Sie erinnern sich sicher noch an das Bild, dessen Gammawert wir geändert haben (siehe Seite 120).

Eine mindestens gleichwertige Option ist es hier, nur die Schatten auf der Frau im Vordergrund aufzuhellen.

▸ Wählen Sie im Dialog BEREICHE AUFHELLEN und klicken Sie auf FOTO DESIGNER STARTEN.

Das Bild wird in seiner originalen Ausrichtung in MAGIX Foto Designer geladen. Links sehen Sie, dass die Aufgabe BEREICHE AUFHELLEN samt der dazugehörigen Werkzeuge geöffnet ist.

▸ Wählen Sie links eine geeignete Pinselgröße.

▸ Malen Sie mit dem Pinsel über den Bereich, den Sie aufhellen möchten.

▸ Nachdem alle Bereiche aufgehellt wurden, klicken Sie unten links auf ANWENDEN.
▸ Wählen Sie anschließend das Disketten-Symbol zum Abspeichern

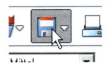

Sie werden gefragt, ob Sie eine Kopie des Bildes anlegen möchten oder ob das Original überschrieben werden soll.

▸ Wählen Sie **ÜBERSCHREIBEN**, wenn Sie die Original-Datei nicht weiter verwenden möchten. Sollten Sie die Datei nur testweise bearbeitet haben, so empfiehlt sich immer **KOPIE ANLEGEN**.
▸ Wechseln Sie nun zurück in MAGIX Photostory Deluxe.

Wenn Sie wie wir eine Kopie gespeichert haben, finden Sie die Kopie neben Ihrem Original-Bild.

Das Bild hat den Zusatz „_Kopie". Ziehen Sie es einfach an die gewünschte Stelle Ihrer Photostory.

Links sehen Sie das Original, rechts sehen Sie, wie die Schatten auf Gesicht und
Kleidung der Frau aufgehellt wurden.

Bildfehler korrigieren

Bei unserem Beispiel gibt es rechts oben einen Bildfehler: eine Spiegelung, die leicht als UFO missverstanden werden könnte. Die wollen wir sicherheitshalber herausretuschieren.

▸ Wählen Sie den Punkt BILDFEHLER KORRIGIEREN.

Wieder kommt MAGIX Foto Designer zum Einsatz.

▶ Wählen Sie links die Werkzeuggröße.

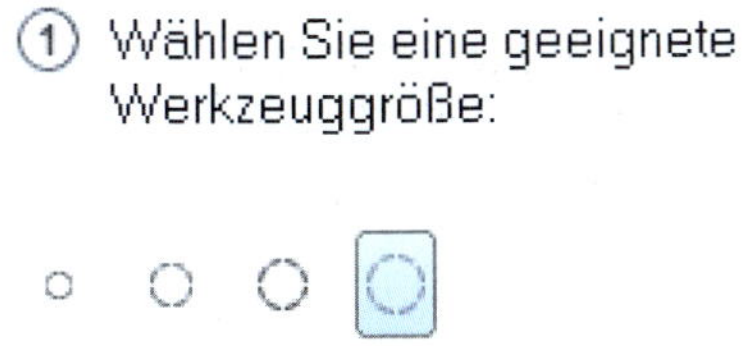

① Wählen Sie eine geeignete
Werkzeuggröße:

○ ○ ○ ◯

▶ Malen Sie mit dem Werkzeug über den Bildfehler.

⊕

▶ Bestimmen Sie über die Regler RADIUS und GRENZWERT, wie stark der Fleck
überdeckt wird.

③ Einstellungen ändern:

Radius:

Grenzwert:

Wir stellen den GRENZWERT sehr gering ein, da das Bild an dieser Stelle sehr hell sein
soll.

▶ Anschließend klicken Sie auf ANWENDEN.

Wenn alles gut aussieht, speichern Sie das Bild wie gewohnt und laden es in MAGIX
Photostory Deluxe.

Nun ist unser Himmel makellos blau.

Objekte freistellen

Freistellen bedeutet das Isolieren von bestimmten Bildelementen, meist um eine Fotomontage zu machen. Sie können z. B. einzelne Personen freistellen und dann in ein anderes Foto kopieren.

Es sind aber auch andere Anwendungen möglich. In unserem Beispiel versuchen wir spaßeshalber, den Kopf der Statue links (von Karl Marx) auf die rechte Statue (von

Friedrich Engels) zu setzen, so dass beide Statuen denselben Kopf tragen – und das
Ganze natürlich auf so glaubwürdige Weise wie möglich.

▶ Wählen Sie also OBJEKTE FREISTELLEN und klicken Sie auf FOTO DESIGNER
STARTEN.

Es öffnet sich wieder MAGIX Foto Designer mit dem geladenen Bild.

Beim Freistellen arbeiten Sie mit sog. Lassos. Lassos dienen nicht nur zum Einfangen
von wilden Pferden oder rasenden Rindern, sondern auch von bestimmten
Bildelementen. Sie haben die Auswahl zwischen zwei Arten von Lassos: Das
POLYGON-LASSO eignet sich gut für Objekte mit geraden Konturen. Das
MAGNETISCHE LASSO passt sich automatisch den Konturen der Objekte an.

Polygon-Lasso

Magnetisches Lasso

▶ Legen Sie zunächst einen Startpunkt fest, indem Sie an den Rand des Objekts
klicken.
▶ Ziehen Sie mit gehaltener Maustaste eine Linie um das Objekt, das freigestellt
werden soll. Je genauer Sie dabei zeichnen, desto besser. Mit der linken Maustaste
fixieren Sie Ihre bisherige Auswahl. Mit der „Entf"-Taste löschen Sie die zuletzt
gezeichnete Auswahl.

▶ Klicken Sie nun auf ANWENDEN. Es erscheint eine Kopie des freigestellten Objekts auf dem eigentlichen Objekt, die Sie mit gehaltener Maustaste verschieben können. Diese Kopie können Sie jetzt mit den entsprechenden Befehlen aus dem BEARBEITEN-Menü in die Zwischenablage kopieren und in einem anderen Bild einsetzen, um dort eine Fotomontage zu machen.

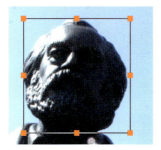

Wir aber bleiben in unserem Bild, verkleinern den Kopf leicht und verschieben ihn auf die rechte Statur, so dass nun zwei Statuen mit demselben Kopf zu sehen sind:

Sieht doch täuschend echt aus, oder? Über den Sinn kann man sich streiten, über das Ergebnis wohl kaum.

Das Bild übernehmen Sie wie gewohnt in MAGIX Photostory Deluxe.

Künstlerisch verfremden

Die künstlerischen Verfremdungen, die Sie mithilfe von MAGIX Foto Designer vornehmen können, sind sehr vielfältig und von anderer Natur als die Kunstfilter im Media Pool (siehe Seite 135).

▸ Wählen Sie also **KÜNSTLERISCH VERFREMDEN**, um Ihr Bild zu verändern, und starten Sie MAGIX Foto Designer.

Neben dem Bild sehen Sie die Einstell-Möglichkeiten.

▶ Wählen Sie z. B. ZIEHEN und ziehen Sie mit der Maus an dem Teil des Bildes, der verfremdet werden soll.

So können die Kuppeln des Berliner Doms sehr schnell zu attraktiven Spitztürmen werden.

Natürlich können Sie auch mehrere Verfremdungen miteinander kombinieren. Sobald Sie zufrieden sind, können Sie das Bild auf die gewohnte Weise wieder in MAGIX Photostory Deluxe einfügen.

In Gemälde verwandeln

Eine besonders schöne Form der Bearbeitung ist das Umwandeln eines Fotos in ein Gemälde.

▶ Wählen Sie dazu IN GEMÄLDE VERWANDELN und klicken Sie anschließend auf FOTO DESIGNER STARTEN.

Sie sehen, dass das Bild bereits in ein Gemälde umgewandelt wurde. Über die Regler links können Sie jetzt noch Feineinstellungen vornehmen. Die Berechnung kann je nach Computerleistung ein wenig Zeit in Anspruch nehmen.

Wenn Sie mit Ihrem Gemälde zufrieden sind, klicken Sie auf ANWENDEN und speichern das Bild ab, um es wie gewohnt in MAGIX Photostory Deluxe weiterverwenden zu können.

Bildtitel gestalten

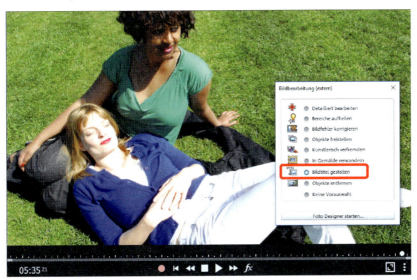

Wenn Sie **BILDTITEL GESTALTEN** auswählen, können Sie Ihrem Bild einen integrierten Text hinzufügen. Der Vorteil gegenüber der Verwendung des Titeleditors in MAGIX Photostory Deluxe ist, dass der Titel fest ins Bild eingerechnet wird und z. B. bei Zoomfahrten, Farbeffekten oder anderen Effekten mit berücksichtigt wird.

Tipp: Schreiben Sie doch mal einen sehr kleinen Titel ins Bild, starten Sie die Präsentation mit einem gezoomten Bildausschnitt auf den Titel, und zoomen Sie das Bild aus!

Auch hier wird MAGIX Foto Designer genutzt.

▶ Klicken Sie im Bild auf die Stelle, an der Ihr Text anfangen soll, und beginnen Sie zu schreiben.

▶ Über die Befehle links können Sie die Schriftart, -größe und -farbe einstellen. Außerdem können Sie einstellen, ob der Text fett, kursiv oder unterstrichen sein soll und ihm einen Schatten oder einen 3D-Effekt geben.

Klicken Sie auf ANWENDEN, wenn Sie zufrieden sind, und übernehmen Sie das Bild wie gewohnt in MAGIX Photostory Deluxe (siehe Seite 244).

Objekte entfernen

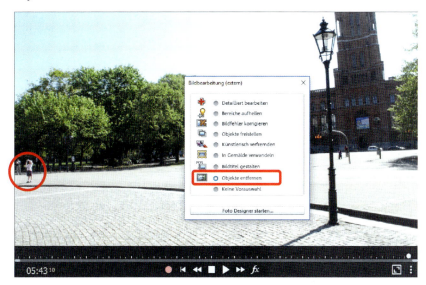

Mithilfe der Option OBJEKTE ENTFERNEN können Sie einzelne Objekte aus einem
Bild entfernen – ideal zum Retuschieren. In unserem Beispiel möchten wir den
kurzbehosten Herrn am linken Bildrand möglichst diskret aus dem Bild werfen.

▶ Klicken Sie auf FOTO DESIGNER STARTEN.

Das Entfernen von Objekten funktioniert so, dass das störende Objekt einfach mit
einem anderen Bildbereich übermalt wird.

In unserem Beispielbild ergibt sich das Problem, dass der auszuradierende Herr vor zwei sehr unterschiedlichen Hintergründen stört. Für die Beine, die vor grauem Pflaster stehen, müssen wir einen anderen Bildbereich wählen als für den Oberkörper.

▸ Wählen Sie links zuerst MANUELLES KLONEN und klicken Sie anschließend mit gehaltener Shift-Taste auf das Pflaster neben dem Herrn.

Jetzt wird die Farbe des Pflasters aufgenommen.

▸ Klicken Sie mit der Maus auf den Bereich, der entfernt werden soll, und radieren Sie ihn mit gehaltener Maustaste aus.

Schon nach kurzer Zeit haben wir die Beine entfernt. Nun wiederholen wir die Prozedur mit den oberen Extremitäten.

▸ Klicken Sie mit gehaltener Shift-Taste in den Bereich der Bäume, um dort passende Bildbereiche aufzunehmen.
▸ Klicken Sie anschließend auf den verbliebenen Teil und radieren Sie den Mann komplett aus dem Bild.

Das Ergebnis sieht im Detail bei genauem Hinsehen vielleicht etwas merkwürdig aus, aber das macht nichts: Im Gesamtbild ist der Herr aus dem Bild verschwunden.

Zum Schluss klicken Sie auf ANWENDEN und fügen Sie das Bild wie gewohnt in MAGIX Photostory Deluxe ein.

Panoramabild zusammenfügen

Panoramen bestehen aus mehreren Bildern, die passgenau zusammengefügt und zu einem breiten Bild montiert werden. So können Sie z. B. Landschaftsaufnahmen erstellen, die ein wesentlich breiteres Spektrum zeigen als ein normales Bild.

Tipp: Fotografieren Sie so, dass Sie später aus den Bildern breite Panoramabilder montieren können. Achten Sie darauf, dass die Fotos sich zu einem Teil überlappen und direkt hintereinander aufgenommen werden, damit z.B. die Wolkenkosntellation sich nicht ändert..

▸ Fügen Sie die Bilder Ihres Panoramas zunächst so in MAGIX Photostory Deluxe ein, dass sie von links nach rechts sortiert sind.
▸ Markieren Sie alle Bilder, indem Sie der Reihe nach mit gehaltener Strg-Taste auf die Bilder klicken.

▸ Wählen Sie nun die Menü-Option EFFEKTE > PANORAMA ERSTELLEN.

Hier können Sie noch einmal die Reihenfolge Ihrer Bilder überprüfen und ggf. ändern. Außerdem bestimmen Sie den Speicherort des Panoramas und legen fest, ob eine Kamerafahrt durchgeführt werden soll. Das ist zu empfehlen, wenn Sie nicht manuell eine Kamerafahrt erzeugen wollen, da Panoramen im Normalfall sehr breit sind und dadurch in Vollbildansicht auf einem normalen TV-Bildschirm nicht gut zur

Geltung kommen. Ein Panoramabild erzeugt in der Photostory normalerweise schwarze Streifen an den oberen und unteren Bildrändern und sieht schmal aus.

▸ Klicken Sie auf ERSTELLEN. Ihr Panorama wird berechnet.

Tipp: Um manuell eine Kamerafahrt anzulegen, zoomen Sie am besten soweit ins Bild hinein, bis es oben und unten den Monitor komplett ausfüllt. Dann legen Sie einen Bewegungseffekt aufs Bild, z. B. von links nach rechts. Die dazu nötigen Schritte finden Sie im Effekte-Kapitel unter „Kamerafahrt" (siehe Seite 152).

In unserem Beispiel war das Ausgangsmaterial ideal für ein Panorama. Manchmal muss man jedoch noch per Hand etwas nachhelfen.

Es können nur maximal sechs Fotos zu einem Panorama zusammengefügt werden. Will man das Panorama manuell nachjustieren oder mehr als sechs Fotos zusammenfügen, empfiehlt sich das Panorama Studio.

Panorama mit Panorama Studio erzeugen

Hinweis: Um ein Panorama mit dem Panorama Studio zu erstellen, müssen Sie dieses erst (kostenpflichtig) erwerben. Das geht direkt aus MAGIX Photostory Deluxe heraus: Wählen Sie im Menü DATEI > ZUSATZPROGRAMME > MAGIX PANORAMA STUDIO und folgen Sie den Anweisungen. Sie haben die Auswahl zwischen einer Standard- und einer Pro-Variante.

Um das Panorama Studio zu starten, klicken Sie im PANORAMA ERSTELLEN-Dialog auf MEHR MÖGLICHKEITEN.

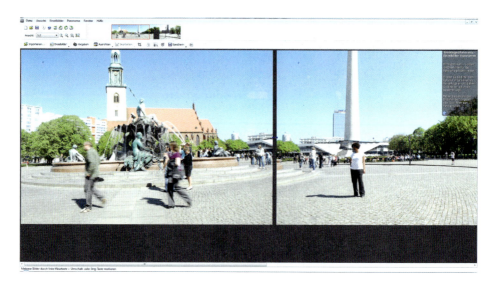

▶ Klicken Sie auf **VORGABEN**.

Es öffnet sich ein Dialog, in dem Sie Angaben zur Kamera machen und außerdem einstellen können, wo der Horizont des Bildes liegt.

Je mehr Informationen Sie hier eingeben, desto besser wird Ihr Ergebnis. Doch auch wenn Ihnen die meisten Informationen unbekannt sind, sollten Sie ein gutes Ergebnis hinbekommen.

▸ Klicken Sie nun auf die Schaltfläche AUSRICHTEN und wählen Sie (TEIL-) PANORAMA AUSRICHTEN.

Das Ergebnis ist schon ganz ansehnlich. Wenn Sie mit dem Zusammenfügen der Bilder noch nicht zufrieden sind, können Sie über die Schaltfläche BEARBEITEN z. B. die Bildüberlappungen anpassen.

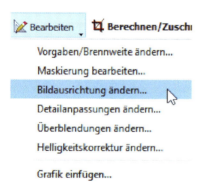

▸ Anschließend können Sie Ihr Panorama beschneiden und fertigstellen. Klicken Sie dazu auf BERECHNEN/ZUSCHNEIDEN.

▸ Im PANORAMA FERTIGSTELLEN-Dialog legen Sie fest, wie Ihr Bild zugeschnitten wird.

Panorama fertigstellen

An den Markierungslinien kann die Fläche des Panoramas eingestellt werden. An den Ecken kann der Bereich gedreht werden.
Das Panoramabild wird dann in hoher Qualität berechnet.

Ausgabegröße

Größe: 11.07 Megapixel

Breite 5141 x Höhe 2153 Pixel

100 %

Sichtfeld: 100.2° x 40.2°

Weitere Optionen

Farbtiefe ⦿ 8 Bit ◯ 16 Bit

Interpolation: Bilinear

Randergänzung:

Farbe ergänzen

Zurück zum Bearbeiten...

Zurücksetzen Abbrechen Ok

▶ Wenn Sie auf OK klicken, wird das Bild zu einem Panoramabild mit geraden Kanten beschnitten:

▸ Wählen Sie nun unter SPEICHERN den Punkt ALS BILD SPEICHERN UNTER.

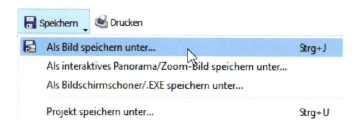

▸ Laden Sie Ihr gespeichertes Panorama nun in MAGIX Photostory Deluxe wie gewohnt über den Media Pool.

Tipp: Sie können in Panorama Studio auch Ihr Projekt abspeichern. Wenn Sie in Zukunft das Panorama noch weiter verbessern wollen, können Sie es jederzeit wieder laden und weiterbearbeiten.

Reiserouten animieren mit Travel Maps

MAGIX Travel Maps erweitert Ihre Reise-Fotoshows mit liebevoll animierten Reiserouten. Sie erreichen das Modul über den Import-Reiter im Media Pool.

Landkarte auswählen

Nach dem Start erreichen Sie zunächst die Kartenauswahl.

Hier wählen Sie eine Karte aus, auf der Sie Ihre Animation erstellen. Zur Auswahl stehen Landkarten mit Geländedetails, fotografische Landkarten aus Satellitenaufnahmen oder auch künstlerisch gestaltete Karten.

▶ Mit dem Mausrad scrollen Sie sich durch die Kartenauswahl.

▶ Klicken Sie auf die Karte Ihrer Wahl, um sie für Ihre Animation zu übernehmen.

Wir entscheiden uns für eine Satellitenaufnahme.

OpenStreetMaps & ESRI Maps

Wenn Sie keine künstlerischen Karten, sondern reale Landkarten (OPENSTREETMAPS oder ESRI MAPS) verwenden, können Sie die Wegpunkte Ihrer Reise über ein Adressfeld direkt eingeben. Bei solchen Karten erscheint oben in der Auswahlleiste das zusätzliche Eingabefeld SUCHE.

▶ Tragen Sie die Adresse ein, an der Ihre Reise startet.

Weil wir am Potsdamer Platz gestartet sind, tragen wir hier also „Berlin, Potsdamer Platz" ein. Dabei wird ein Auswahlfeld ausgeklappt, in dem mehrere Kandidaten zur Auswahl stehen.

▶ Klicken Sie auf das Kreuzsymbol, um die Auswahl als Wegpunkt zu übernehmen.

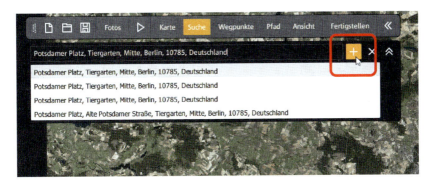

▶ Wenn Sie rechts unten etwas zoomen, können Sie den Wegpunkt besser erkennen.

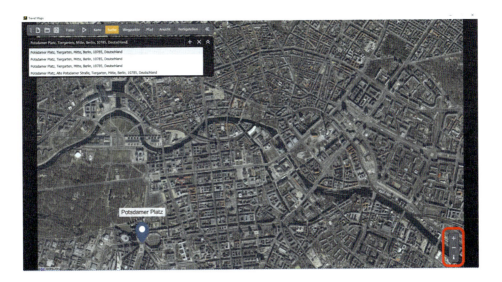

Wegpunkte setzen

Jede Route besteht aus Wegpunkten, die die einzelnen Stationen Ihrer Reise darstellen.

In allen Landkarten können Sie die Wegpunkte einfach per Mausklick setzen. Um vom Potsdamer Platz zum Alexanderplatz zu gelangen, klicken wir also einfach auf den Alexanderplatz in unserer Karte. Auf der Satellitenaufnahme ist er nicht schwer zu finden.

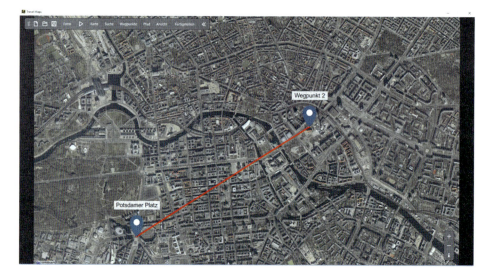

Dadurch wird ein zweiter Wegpunkt gesetzt. Alternativ hätten wir diesen Wegpunkt auch wieder über die Adresseingabe im Suchfeld eingeben können.

Beide Wegpunkte werden mit einer roten Linie verbunden. Sie können so viele Wegpunkte setzen, wie Sie möchten.

In der Rubrik **WEGPUNKTE** lässt sich jeder Wegpunkt benennen.

▶ Klicken Sie auf das Stiftsymbol rechts am Wegpunkt.

Dadurch klappt der Bearbeitungsbereich auf, in dem Sie das Symbol für den Wegpunkt austauschen oder ändern können. Außerdem lässt sich hier auch die Schriftart einstellen und weitere Eigenschaften festlegen (Schatten, Rahmen, Schriftfarbe und -größe).

Auch die GPX-Daten aus Ihrem Handy lassen sich für die Reiseroute verwenden. Über die Schaltfläche **GPX-TRACK LADEN** links unten werden die GPX-Daten automatisch in Wegpunkte umgewandelt.

Wir erstellen drei Wegpunkte für unsere drei Reisestationen und benennen sie entsprechend. Über den Abspielpfeil oben lässt sich die Reiseroute jederzeit abspielen.

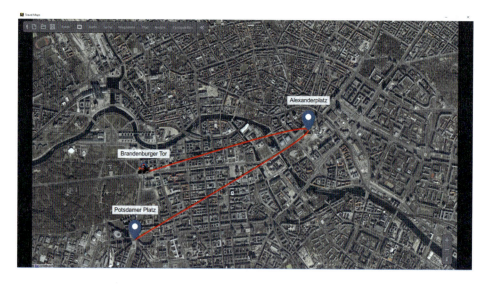

Bei uns startet ein rotes Motorrad am Potsdamer Platz, düst querfeldein zum Alexanderplatz und weiter zum Brandenburger Tor.

Diese Animation können Sie nun noch genauer anpassen.

Pfad bestimmen

In der Rubrik PFAD stellen Sie die Verbindungslinien ein, die von Wegpunkt zu Wegpunkt führen.

▶ LINIEN ZEICHNEN verbindet die Wegpunkte auf die kürzest mögliche Weise.
▶ KURVEN ZEICHNEN erzeugt einen weicheren Routenverlauf.

In der Mitte lassen sich weitere Eigenschaften wie Linienstärke, Transparenz oder Farbe bestimmen.

Unten können Sie außerdem noch die DIASHOWEIGENSCHAFTEN bestimmen – sofern Sie die Animation als Diashow anlegen wollen. Dazu kommen wir gleich.

Ansicht

In der Rubrik ANSICHT legen Sie die Eigenschaften der Animation fest.

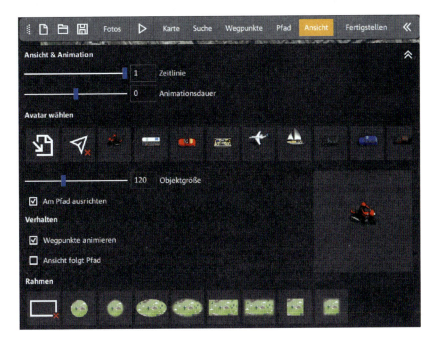

Ganz oben können Sie die Animationsdauer ändern, das heißt die Animation schneller oder langsamer abspielen, und darunter ein Symbol wählen, mit dem die Route abgefahren wird. Zum Beispiel einen Bus oder eine Seilbahn.

Auch eigene Symbole sind möglich. Dazu klicken Sie auf die Schaltfläche AVATAR WÄHLEN und laden eine Bilddatei, die dann zum Abfahren der Route benutzt wird.

Tipp: Für Stadtpläne oder Satellitenaufnahmen ist es eine gute Idee, stark in die Ansicht hineinzuzoomen, die Animationsdauer zu verlängern und die Wegpunkte direkt an den Straßen auszurichten. Wenn Sie dann die Option ANSICHT FOLGT PFAD aktivieren, können Sie in geruhsamer Geschwindigkeit mit Ihrem Avatar durch die Straßen cruisen.

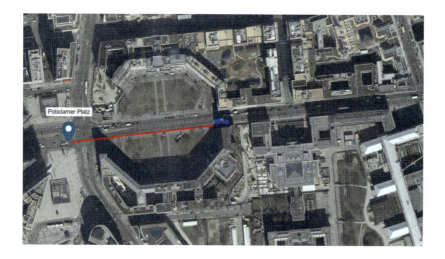

Eigene Fotos

Sie können in Ihrer Reiserouten-Animation auch Fotos präsentieren - entweder als Hintergrundbilder für die Wegpunkte oder als Vollbild-Diashow entlang der Reiseroute.

▸ Öffnen Sie die Rubrik FOTOS und importieren Sie zunächst die Fotos, die Sie präsentieren wollen.

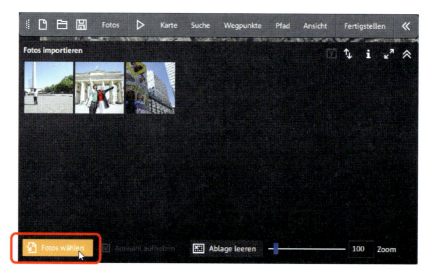

Rechts oben können Sie die Fotos übersichtlich sortieren und die Dateinamen einblenden.

▸ Um die Fotos als Diashow zu präsentieren, ziehen Sie sie direkt auf die Route. Dann werden die Fotos auf der Route als Fotopunkte dargestellt.

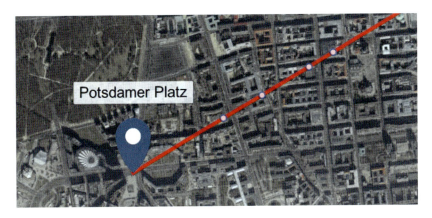

Die Fotopunkte werden beim Abspielen der Animation in Vollbildgröße angezeigt. Die Route wird also zunächst abgefahren, bis der Fotopunkt erreicht ist, und dann wird das dazugehörige Foto als Vollbild angezeigt. Anschließend wird die Route fortgesetzt.

Sie können jeden Fotopunkt nachträglich überprüfen, verschieben oder auch löschen. Wenn Sie dabei versehentlich einen Wegpunkt setzen, können Sie ihn in der Rubrik WEGPUNKTE wieder löschen.

Anzeigedauer und Blenden der Diashow stellen Sie im unteren Bereich des Reiters PFAD ein. Diese Einstellungen gelten für die gesamte Diashow.

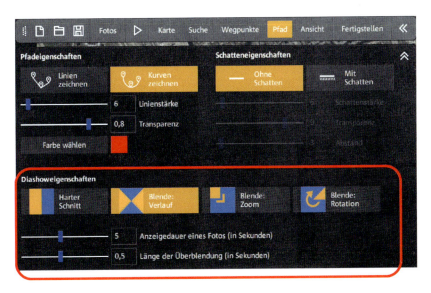

Sie können Ihre Fotos auch als Wegpunkte verwenden. Dazu ziehen Sie das Foto direkt auf einen Wegpunkt.

▸ Wenn Sie das Foto als Wegpunkt verwernden wollen, wählen Sie hier ALS WEGPUNKT.

Im Reiter WEGPUNKTE finden Sie geeignete Wegpunkt-Symbole für die Präsentation von Fotos.

Fertigstellen

Wenn Ihre Animation fertig ist, klicken Sie auf FERTIGSTELLEN.

Dabei wird eine Videodatei im WMV-Format erzeugt, die Ihre Animation enthält. Die Videodatei wird in die vorhandene Photostory eingefügt und lässt sich dort zusammen mit den Fotos abspielen.

Animationen (.xar)

Im Importreiter des Media Pool finden Sie unter **MAGIX MEDIEN** die **ANIMATIONEN** (**.XAR**), für die Sie das Programm Xara Designer Pro X benötigen. Dann können Sie animierte Bauchbinden, Pfeile, Markierungen und sogar Balken- und Tortendiagramme als Flash-Animationen in Ihre Photostory einfügen. Gerade für Reportagen, Dokumentationen oder Diavorträge ist diese Möglichkeit interessant.

Sie laden die gewünschte Animation in eine Photostory, woraufhin sich der Xara Designer Pro mit der dazugehörigen Animation öffnet. Hier können Sie dann die einzelnen Frames der Animation bearbeiten. Wenn Sie den Xara Designer Pro wieder schließen, werden die Änderungen automatisch in MAGIX Photostory Deluxe übernommen. Zu den Einzelheiten lesen Sie bitte die Programmhilfe von Xara Designer Pro zur Erstellung von Flash-Animationen.

360°-Video

Interaktive 360°-Videos enthalten den kompletten Rundum-Blick. In diesem Kapitel wollen wir Ihnen zeigen, wie Sie solche Videos in einer normalen Photostory verwenden können.

Eine Photostory ist im Grunde ein normaler Film, d.h. hier sieht man die Geschehnisse immer nur aus einer bestimmten Kameraperspektive. Das bedeutet, dass Sie die Blickrichtung, die Sie zeigen wollen, vorher im 360°-Video auswählen müssen.

▸ Laden Sie zunächst Ihr 360°-Video in Ihre Photostory.

Nach dem Laden wird das komplette 360°-Bildmaterial in der 2D-Darstellung der Photostory angezeigt. Dabei erscheint es mit einer charakteristischen Kugelwölbung.

Gewölbtes 360°-Videomaterial

▸ Öffnen Sie im FX-Reiter des Media Pool den Effekt 360° PANORAMA.

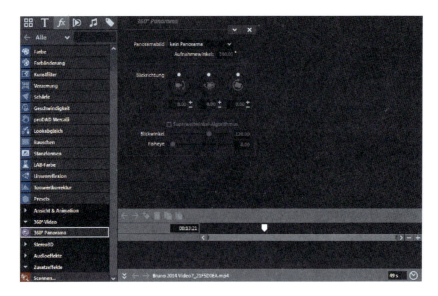

▸ Wählen Sie oben im Dialog unter PANORAMABILD die Option KUGELPANORAMA.

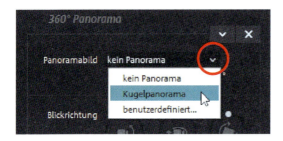

Bei den meisten 360°-Aufnahmen sollte nun das Bild in gewohnter, unverzerrter Darstellung zu sehen sein. Wenn es immer noch verzerrt aussieht, wählen Sie BENUTZERDEFINIERT und stellen einen anderen Aufnahmewinkel ein.

▸ Stellen Sie die Blickrichtung ein, die Sie für ihre Photostory verwenden wollen.

Dazu verwenden Sie die drei Regler unter BLICKRICHTUNG.

Tipp: Auch hierfür können Sie wieder die Keyframe-Animation nutzen (siehe Seite 168). Damit lassen sich z. B. virtuelle Rundflüge innerhalb einer statischen 360°-Panoramaaufnahme erstellen.

Stereo3D

Wem normale Filme zu platt sind, dem kann mit etwas mehr Räumlichkeit geholfen werden. Viele Menschen schätzen jedenfalls die Möglichkeit, näher dran am Geschehen zu sein. Die 3D-Technik wird immer professioneller und die Filme wirken viel echter als in den Anfangstagen des 3D-Kinos.

Auch in MAGIX Photostory Deluxe können Sie sich ein Stück 3D-Kino für zuhause erzeugen. Und zwar unabhängig davon, ob Sie nur eine einfache Fotokamera und einen Standard-Fernseher oder eine professionelle 3D-Kamera samt 3D-Fernseher besitzen.

In diesem Kapitel möchten wir Sie in die räumlichen Dimensionen von MAGIX Photostory Deluxe einführen. Wir fangen an mit ein paar grundsätzlichen Erklärungen, machen dann weiter, indem wir normale Bilder in 3D-Bilder umwandeln, fügen dreidimensionale Blenden und Titel ein und zeigen zum Schluss, wie man eine Photostory oder eine ganze Disc in 3D ausgibt.

Ein kurzer Hinweis

Es gibt Menschen, die beim Betrachten von 3D-Filmen Kopfschmerzen bekommen oder denen übel wird. Sollten Sie solche Symptome bei Ihnen oder Ihren Zuschauern feststellen, stoppen Sie bitte sofort die Betrachtung der Filme und kontaktieren Sie einen Arzt.

Die Augen von Kindern unter 6 Jahren befinden sich noch in der Entwicklung. Sie sollten deshalb keine 3D-Filme sehen, wenn dies nicht vorher mit einem Arzt oder Augenoptiker abgestimmt wurde.

3D aufnehmen

Um 3D-Photostories erstellen zu können, stellt sich zunächst die Frage, wie man überhaupt 3D-fähiges Material aufnimmt und welche Ausrüstung dazu nötig ist. Es gibt zwei Möglichkeiten: Entweder Sie investieren in eine 3D-Kamera oder Sie benutzen Ihre herkömmliche Kamera, mit der Sie bereits den Rest des Buches gearbeitet haben.

3D-Kamera

3D-Kameras sind Kameras, die statt einer Linse zwei enthalten. Die Linsen haben ein paar Zentimeter Abstand und können gleichzeitig Bilder aufzeichnen. Im Normalfall sind neben dem Aufzeichnen von 3D-Bildern auch normale 2D-Aufnahmen möglich. Im 3D-Modus liefern die Kameras i. d. R. zwei separate Bilddateien, die Sie in MAGIX Photostory Deluxe importieren können. Gelegentlich werden auch zwei Bilder nebeneinander in einer Datei abgespeichert. Diese Bilder sind manchmal gestaucht. Auch diese Fälle können Sie in MAGIX Photostory Deluxe laden und weiterverarbeiten.

Der Nachteil von 3D-Kameras liegt auf der Hand: Man muss sie extra kaufen und das Angebot hat qualitativ nicht dieselbe Breite wie bei herkömmlichen Kameras.

2D-Kamera
Mit einer 2D-Kamera, also jeder normalen Kamera, ist es etwas komplizierter, 3D aufzunehmen. Sie müssen nämlich zweimal dasselbe Motiv leicht versetzt aufnehmen. Das ist bei Gebäuden oder anderen statischen Gegenständen, vor allem wenn Sie ein Stativ (siehe Seite 361) verwenden, vergleichsweise einfach. Komplizierter wird es, wenn Sie Personen oder sogar sich bewegende Gegenstände aufnehmen möchten.

Grundsätzlich sollten Sie Folgendes beachten: Die Kamera sollte zwischen den Aufnahmen immer um die Stereo-Basisbreite verschoben werden. Die Stereo-Basisbreite ist der Abstand der beiden Augen beim Menschen, also etwa 6–8 cm. Damit gehen Sie sicher, dass beide Bilder aus derselben Perspektive entstanden sind, wie sie ein menschliches Auge sehen würde.

Außerdem sollten Sie immer mindestens 2,5 m vom fotografierten Objekt entfernt sein, solange Sie kein Teleobjektiv (siehe Seite 356) verwenden. Mit Teleobjektiv sollten Sie den Abstand deutlich erhöhen, mindestens auf etwa 8 m.

Bei beweglichen Objekten, z. B. Autos oder Tieren, müssen Sie etwas auf Ihr Glück hoffen. Ein guter Tipp ist die Benutzung der Serienbild-Aufnahme, die die meisten Fotokameras bieten. Sie müssen dann nicht die Kameraposition wechseln, sondern lassen einfach das Objekt, das in 3D erscheinen soll, seinen Ort wechseln.

3D importieren

Nun haben Sie also auf die ein oder andere Art 3D-Material aufgenommen und möchten es in MAGIX Photostory Deluxe verwenden. Der Import funktioniert fast genauso wie bei herkömmlichen Bildern. Zunächst erklären wir das Verfahren für den Fall, dass Sie zwei separate Dateien pro 3D-Aufnahme haben:

▸ Steuern Sie im Media Pool das Verzeichnis mit den 3D-Aufnahmen an.
▸ Importieren Sie die jeweils zusammengehörigen Bilddateien in die Timeline oder das Storyboard.

▶ Markieren Sie nun mit gehaltener Strg-Taste jeweils zwei zusammengehörige Bilder.

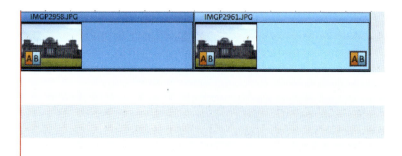

▶ Wählen Sie nun im Media Pool im Reiter **EFFEKTE** > **STEREO3D** die Option **EIGENSCHAFTEN**.

▶ Wahlen Sie unter **STEREO ERZEUGEN** den Punkt **STEREO3D-PAAR (LINKES/RECHTES BILD ZUERST)**, abhängig davon, welches Bild im Arranger links liegt.

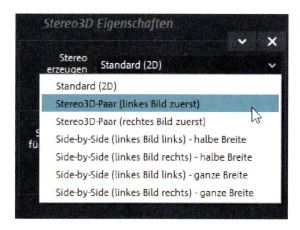

Die beiden Bilder werden nun zu einem Stereo3D-Bild zusammengefügt und können ausgerichtet werden.

Sollten Sie eine 3D-Kamera besitzen, kann es passieren, dass diese direkt eine Datei mit beiden Bildern nebeneinander auswirft. In diesem Fall gehen Sie folgendermaßen vor:

▶ Steuern Sie im Media Pool das Verzeichnis mit den 3D-Aufnahmen an.

▶ Importieren Sie die Bilddatei in die Timeline oder das Storyboard und markieren Sie diese.

▶ Wählen Sie im Media Pool im Reiter **EFFEKTE** > **STEREO3D** > **EIGENSCHAFTEN**.

▶ Wahlen Sie unter **STEREO ERZEUGEN** den Punkt **SIDE-BY-SIDE** und, falls Ihre Bilder seitenvertauscht sind, **LINKES BILD LINKS** bzw. **LINKES BILD RECHTS. HALBE**

BREITE wählen Sie, wenn Ihre Bilder horizontal gestaucht sind, was meistens nur bei Bildern aus 3D-Videokameras vorkommt. Sind beide Bilder in den richtigen Proportionen, wählen Sie entsprechend GANZE BREITE.

Nun haben Sie Ihre Aufnahme für Stereo3D importiert.

3D ohne Brille

Das Abspielen von Stereo3D-Material setzt voraus, dass Sie eine besondere Brille zum Einsatz bringen. Bei der Anaglyph-Technik, die sich auf normalen Fernsehern realisieren lässt, reicht eine billige Brille mit roten und cyanfarbenen Fenstern aus. Bei den anderen Techniken (Polfilter, Side-by-Side) benötigen Sie neben einem speziellen Abspielgerät (3D-Fernseher) eine aufwändigere Brille.

Wenn Sie keine 3D-Brille einsetzen wollen, aber trotzdem Stereo3D-Material haben, können Sie Ihr Material auch im Wackelbild-Modus abspielen. Die Dreidimensionalität hält sich hierbei zwar in Grenzen, einen Versuch ist es aber wert. Alternativ lässt sich das Stereo3D-Material auch als normales Video exportieren, das dann ganz normal weiterverarbeitet werden kann. Dabei werden die gedoppelten Bilder wieder herausgerechnet.

Beide Varianten finden Sie in den Exportdialogen (siehe Seite 290).

3D-Ansicht einstellen

Bevor Sie die Bilder ausrichten, sollten Sie die 3D-Ansicht im Vorschaumonitor umstellen, da Sie sonst im Dunkeln tappen.

Zum Einstellen der 3D-Ansicht dient die kleine Schaltfläche rechts unterhalb des Videomonitors.

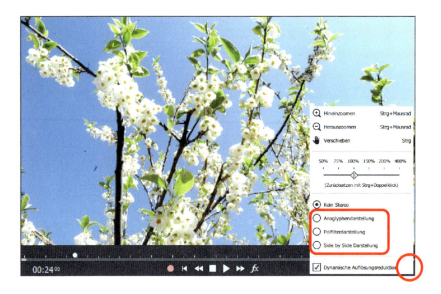

Die **ANAGLYPHENDARSTELLUNG** ist dann sinnvoll, wenn Sie später Ihr Bild als Anaglyphen ausgeben wollen. Anaglyphen meint dabei, dass die Unterschiede zwischen beiden Bildern in den Farben Rot und Cyan dargestellt werden.

Wenn Sie sich nun eine 3D-Brille aufsetzen, sieht ein Auge nur alle roten Bereiche, das andere nur alle cyanfarbenen. So entsteht der 3D-Effekt.

Ihr Bild im Monitor sieht dann so aus:

Sie sollten die Anaglyphendarstellung immer dann wählen, wenn Sie **keine** spezielle 3D-Hardware (z. B. 3D-Fernseher) besitzen. Diese Darstellung benötigt nämlich nur eine Rot-Cyan-Brille.

Wer einen richtigen 3D-Fernseher besitzt, kann hingegen die **POLFILTERDARSTELLUNG** verwenden. Allerdings benötigt man nicht nur einen speziellen Fernseher, sondern auch eine Polfilter-Brille. Bei dieser Technik werden die Bilder immer zeilenweise verschachtelt dargestellt und von der Brille herausgefiltert. Am Vorschaumonitor sieht das dann so aus:

Die Side-by-Side-Ansicht zeigt beide Bilder gestaucht nebeneinander. Auch für diese Ansicht brauchen Sie ein spezielles Wiedergabegerät sowie eine 3D-Brille.

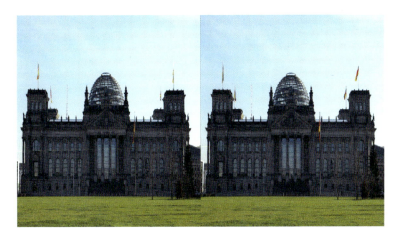

Zum Ausrichten sollten vor allem die ersten beiden Verfahren nutzbar sein, wobei wir Ihnen die Anaglyphendarstellung empfehlen und raten, während der Bearbeitung das Ergebnis mit der Rot-Cyan-Brille zu kontrollieren.

3D ausrichten

Nachdem Sie Ihre Bilder in MAGIX Photostory Deluxe importiert und als Stereo3D-Bilder eingestellt haben, werden diese immer als Side-by-Side-Bilder angezeigt. D. h. unabhängig davon, ob sie vorher zwei Bilder waren oder schon immer nur eins, werden sie in MAGIX Photostory Deluxe nun als ein Bild behandelt und als ein Objekt im Arranger angezeigt.

Gerade wenn Bilder mit zwei Kameras aufgenommen wurden, sind sie aber oft nicht ganz perfekt aufeinander abgestimmt.

▶ Wählen Sie in einem solchen Fall das Objekt aus und klicken Sie im Media Pool unter **EFFEKTE > STEREO3D** auf **AUSRICHTEN**.

Sollten Ihre Bilder falsch herum liegen, können Sie sie mit der Schaltfläche **VERTAUSCHEN** umdrehen.

Vor allem interessant ist aber der Bereich **RÄUMLICH AUSRICHTEN**: Hier können Sie mit der **AUTOMATISCH**-Funktion oft schon sehr gute Ergebnisse erzielen. Die Regler helfen dabei, die horizontale oder vertikale Verschiebung zwischen beiden Bildern auszugleichen bzw. ein Bild zu drehen.

Tipp: Achten Sie darauf, dass die Bilder lediglich eine horizontale, d.h. eine Links-Rechts-Verschiebung haben. Alle anderen Arten von Verschiebung würden zu schlechten Ergebnissen führen.

3D-Titel

Alle Titel können auch zu 3D-Titeln gemacht werden. Dies funktioniert so:

▸ Wechseln Sie zunächst, falls noch nicht geschehen, in den Timeline-Modus.
▸ Erstellen Sie nun ein Titelobjekt.

▸ Markieren Sie das Titelobjekt und wählen Sie im Media Pool unter EFFEKTE > STEREO3D die Option EIGENSCHAFTEN.
▸ Verschieben Sie nun den Regler STEREO-TIEFE FÜR 2D-OBJEKT leicht.

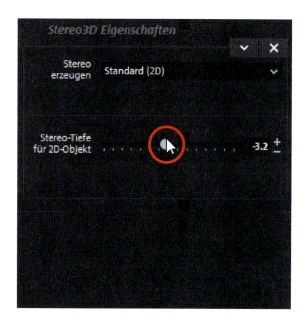

Das Titelobjekt wird zu einem Stereo3D-Objekt und kann z. B. in der Anaglyphendarstellung betrachtet werden.

3D exportieren

Die fertige 3D-Photostory will natürlich auch dreidimensional weiterverwendet werden. Ihnen stehen dabei dieselben Möglichkeiten zur Verfügung wie bei 2D-Photostories : exportieren, ins Internet stellen oder auf eine Disc brennen.

In den Export-Dialogen der einzelnen Formate (siehe Seite 299) finden Sie jeweils auch eine Auswahl für STEREO3D:

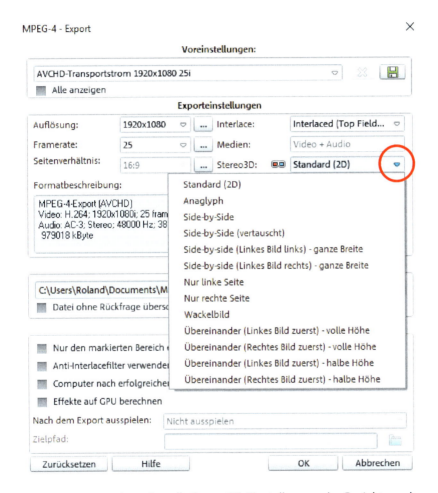

- STANDARD (2D) ignoriert alle Stereo3D-Einstellungen des Projekts und exportiert eine einfache 2D-Photostory.
- ANAGLYPH ist die Wahl, wenn die Photostory auf einem herkömmlichen Monitor oder Fernseher betrachtet werden soll, der kein 3D unterstützt. In diesem Fall brauchen Sie zum Betrachten eine Rot-Cyan-Brille.
- SIDE-BY-SIDE: Dieses Verfahren wählen Sie, wenn Sie Ihre Photostory auf einem speziellen 3D-Ausgabegerät, z. B. einem 3D-Fernseher, zeigen möchten. Die

Option **VERTAUSCHT** brauchen Sie nur, wenn die Bilder falsch herum im Projekt angelegt wurden. Zum Betrachten der fertigen Photostory brauchen Sie zudem eine zum Ausgabegerät passende 3D-Brille (z. B. Shutter-Brille oder Polfilter-Brille).

- **NUR LINKE/RECHTE SEITE**: Mit diesen Einstellungen wird kein 3D exportiert, sondern nur eine Seite Ihrer 3D-Videos. Damit verwandeln Sie also ein Stereo3D-Video in ein ganz normales Video.
- **WACKELBILD**: Hiermit können Sie 3D-Material ohne 3D-Brille anschauen. Das Material wird abwechselnd gezeigt, so dass der Eindruck entsteht, das Bild würde wackeln.
- **ÜBEREINANDER**: Auch für diese Optionen benötigen Sie ein spezielles Abspielgerät. Ähnlich wie bei Side-by-Side werden hier die Bilder getrennt voneinander exportiert, allerdings nicht nebeneinander, sondern übereinander.

Bei den Optionen zu **ÜBEREINANDER** gibt es die Möglichkeit, zwischen **VOLLE HÖHE** und **HALBE HÖHE** zu wählen. Bei **VOLLE HÖHE** erhalten Sie jeweils ein voll aufgelöstes Bild für das obere und das untere Teilbild. Für das Gesamtbild ergibt sich also eine doppelte Auflösung. Nicht alle Wiedergabegeräte können jedoch mit der doppelten Auflösung umgehen. Wenn es Anzeigeprobleme gibt, wählen Sie **HALBE HÖHE**.

3D-Internetexport

Wenn Sie Ihr Video für YouTube, Facebook oder Flickr exportieren, finden Sie im Internetexport-Dialog ebenfalls ein kleines 3D-Brillensymbol, neben dem Sie den 3D-Modus einstellen können.

Die Modi sind dieselben wie in den Export-Dialogen. Sie sollten nur zusätzlich bedenken, dass sehr viele Benutzer dieser Portale keine 3D-Hardware besitzen werden. Größtmögliche Kompatibilität erreichen Sie also über die anaglyphe Methode.

3D brennen

Es ist grundsätzlich möglich, alle Datenträger-Formate mit 3D-Photostories zu brennen.

Gehen Sie beim Brennen einer Disc folgendermaßen vor:

▸ Wechseln Sie in die Oberfläche BRENNEN und wählen Sie BRENNEN.

▸ Wählen Sie nun das gewünschte Format, z. B. DVD.

Es öffnet sich der Brenndialog.

▸ Wählen Sie hier unter 2. DATENTRÄGERFORMAT die Schaltfläche ENCODER-EINSTELLUNGEN.

Dort finden Sie wieder die bereits vom Export und Vorschaumonitor bekannte 3D-Brille und können auch hier einstellen, welchen 3D-Modus (siehe Seite 290) Sie verwenden möchten.

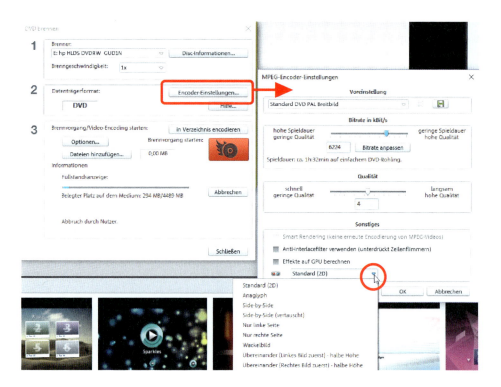

Hinweis: Das Disc-Menü wird immer in 2D angezeigt. Bei 3D-Fernsehern müssen Sie ggf. vor der Wiedergabe einer 3D-Photostory den Wiedergabe-Modus des Fernsehers in den Side-by-Side-Modus umschalten.

Das Menü „Bereitstellen"

MAGIX Photostory Deluxe bietet eine besondere Funktionalität zum Austausch von Mediendateien zwischen verschiedenen MAGIX-Programmen, aber auch die Bereitstellung von Mediendateien auf den Online-Plattformen Facebook, Flickr und YouTube.

Diese Funktionen sind im Menü BEREITSTELLEN zu finden. Dort gibt es die Optionen

- ▶ ONLINE BEREITSTELLEN (siehe Seite 304)
- ▶ PHOTOSTORY NACHVERTONEN: für MAGIX Music Maker
- ▶ VIDEOS BEARBEITEN / FOTO IN EIN VIDEO INTEGRIEREN: für MAGIX Video easy, MAGIX Video deluxe oder MAGIX Video Pro X
- ▶ FOTO IN FOTOSAMMLUNG INTEGRIEREN: für MAGIX Photo Manager
- ▶ FOTO ODER GRAFIK BEARBEITEN (siehe Seite 242)
- ▶ FILMTON-OBJEKT BEARBEITEN UND VERBESSERN: für MAGIX Audio Cleaning Lab
- ▶ AUF CD ODER DVD SICHERN: für MAGIX Speed burnR.

Um die Austauschprogramme von MAGIX zu nutzen, müssen die jeweiligen Programme natürlich installiert sein. Dann können Sie z. B. die Tonspur oder ein Video in das zugehörige Austauschprogramm laden, dort bearbeiten, abspeichern und anschließend die bearbeitete Datei direkt im Projekt nutzen.

Finale: Photostory als Video präsentieren

Irgendwann kommt der Punkt, an dem die Photostory so weit gediehen ist, dass sie der Öffentlichkeit oder dem Freundeskreis präsentiert werden soll.

In vielen Fällen werden Sie eine DVD oder andere Disc mit Menü erstellen wollen, die dann z. B. am Fernseher über einen geeigneten Player präsentiert wird. Dazu kommen wir später (siehe Seite 313).

Hier widmen wir uns den rein digitalen Möglichkeiten: wenn Sie die Photostory als Filmdatei abspeichern und zum Beispiel im Internet zeigen möchten.

Ausgabeoptionen

Für das Ausgeben des Videos gibt es einen eigenen Dialog, den Sie ganz oben über die Schaltfläche AUSGEBEN erreichen.

Auf der linken Seite finden Sie die Optionen, mit denen Sie Ihr Projekt als Datei auf den Computer ausgeben, auf ein mobiles Gerät übertragen oder ins Internet stellen können. Rechts finden Sie die Optionen zur jeweiligen Auswahl.

Als Videodatei ausgeben

Mit dieser Option können Sie eine Photostory mitsamt allen Objekten, Effekteinstellungen, Blenden, Texten u. ä. in eine Videodatei umrechnen und auf dem Computer speichern.

Dieser Dialog ist für den einfachen, schnellen Datei-Export gedacht. Die anderen Exportformate sowie detaillierte Einstellmöglichkeiten für die Codecs erreichen Sie über das Menü DATEI.

Oben wählen Sie das gewünschte FORMAT; unten die QUALITÄT. Zur Auswahl stehen die drei gängigsten Formate Windows Media Video (WMV-Dateien), MPEG-2 (MPG-Dateien) und MPEG-4 (MP4-Dateien).

Windows Media Video ist ein Format, mit dem alle Windows-PCs zurechtkommen sollten, da der Windows-Media-Codec standardmäßig von vornherein mitinstalliert ist. Es eignet sich also insbesondere zum Abspielen am Windows-PC.

Die anderen beiden Codecs werden zum Beispiel von DVD-Playern unterstützt. Sie müssen vor der ersten Verwendung freigeschaltet werden.

Formate & Codecs

Die anderen Formate, in denen Sie Photostories auf Ihrem Computer abspeichern können, sowie die Feineinstellungen der jeweiligen Video-Codecs finden Sie im Menü DATEI > EXPORTIEREN.

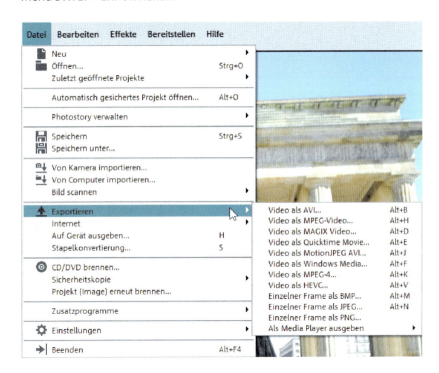

Im Folgenden stellen wir die verschiedenen Möglichkeiten vor.

Welches Format darf es sein?

Grundsätzlich ist die Wahl des richtigen Formats vor allem davon abhängig, wofür die spätere Datei verwendet werden soll. Beispiel: Ein hochaufgelöstes MPEG-4-Video mit der Auflösung 1920 * 1080 (Full HD) sieht auf einem gewöhnlichen Röhrenfernseher nicht besser aus als ein Video in der auf den Fernseher angepassten Auflösung von 720 * 576, benötigt aber bei weitem mehr Speicherplatz und Erstellungszeit.

Da es sehr viele verschiedene Anwendungsfälle gibt, finden Sie im Export-Dialog für die meisten Formate VOREINSTELLUNGEN, mit denen Sie für bestimmte Geräte das beste Ergebnis erzielen.

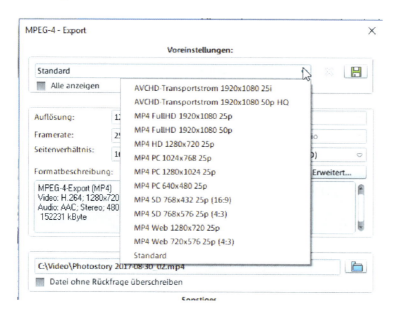

Wählen Sie dazu einfach Ihr Gerät aus. STANDARD ist dabei in der Regel die beste Einstellung für eine Wiedergabe am PC.

Sie können in den Exportdialogen auch ein 3D-Video erzeugen. Lesen Sie dazu das Kapitel „Stereo3D" (siehe Seite 281).

AVI: Dieses Format ist ein älteres Videoformat. Gängige Programme wie der Windows Media Player können AVI-Dateien normalerweise abspielen. Voraussetzung ist jedoch, dass die AVI-Datei einen Codec verwendet, der auf dem System installiert ist. Denn AVI ist ein Containerformat, in das sich verschiedene Codecs packen lassen. Um den VIDEOCODEC auszuwählen, klicken Sie auf die Schaltfläche ERWEITERT..

MPEG-Video: Der MPEG-Codec wird vor allem bei der Erstellung von DVDs oder auch Blu-ray Discs eingesetzt. Zum Einstellen des Codecs klicken Sie auf die Schaltfläche ERWEITERT. Hier können Sie zwischen MPEG-1 und MPEG-2 wählen sowie diverse Feineinstellungen des Codes vornehmen.

MAGIX Video: Das MAGIX Video-Format (MXV) ist ein spezielles Format, das sich vor allem für den Austausch zwischen MAGIX Programmen eignet. Wenn Sie also z. B. das Samplitude Music Studio zur Nachvertonung oder MAGIX Video deluxe zur Weiterbearbeitung des Photostory-Videos benutzen möchten, sollten Sie Ihr Video in diesem Format exportieren.

Quicktime Movie: Das Quicktime-Format ist vor allem dann empfehlenswert, wenn Sie Ihre Photostory-Datei an Besitzer eines Macs weitergeben möchten.

Hinweis: Für den Quicktime-Export muss der Quicktime Player installiert sein, den Sie kostenlos im Internet z. B. von der Website von Apple herunterladen können.

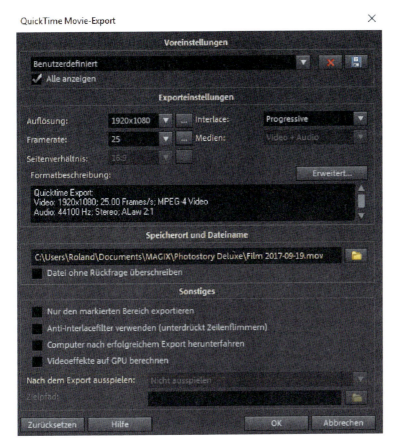

Ähnlich wie bei AVI gibt es unter ERWEITERT viele Einstellungsmöglichkeiten für den Videocodec und die zu verwendende AUFLÖSUNG und FRAMERATE. Richten Sie sich hierbei nach den Anforderungen, die Sie für das Video haben. Wenn Sie z. B. das Video für einen tragbaren Player ausgeben, so ist eine geringe Auflösung sinnvoll, da portable Player kleine Bildschirme und wenig Speicherplatz haben.

MotionJPEG AVI: Bei dieser Option wird jedes Bild Ihrer Photostory einzeln als JPEG-Bild komprimiert. Heraus kommt aber wieder ein AVI (siehe Seite 300).

Windows Media: Windows Media Video (WMV) ist ein Videocodec der Firma Microsoft. Er sollte auf jedem PC mit einem Betriebssystem von Microsoft verfügbar sein, bietet also Sicherheit, wenn es darum geht, die Videodatei auf einem anderen

Windows-Rechner abzuspielen. Ein Nachteil ist, dass handelsübliche DVD-Player dieses Format nicht kennen.

MPEG-4 und HEVC: Hinter diesen beiden Exportoptionen verbirgt sich ein hochkomplexer Kompressionsstandard, der als auch als h.264 (bei MPEG-4) bzw. h.265 (bei HEVC) bezeichnet wird. HEVC stellt das Nachfolgerformat von MPEG-4 dar und ist damit der modernste und leistungsfähigste Codec aus der MPEG-Familie. Es ist vor allem für besonders große Datenmengen, wie sie z. B. bei 4K-Ultra-HD-Filmen anfallen, geeignet. Er unterstützt eine Farbtiefe von 10-Bit und bietet damit allerhöchste Bildqualität.

Der Nachteil von HEVC ist, dass dieses Format nicht von allen Geräten unterstützt wird. Solche Videos können also auf vielen Hardware-Playern, Smartphones u.ä. nicht abgespielt werden. Für eine größtmögliche Kompatibilität nutzen Sie also besser MPEG-4 (bzw. h.264).

Es würde den Rahmen sprengen, alle Unterschiede und Parameter einzeln zu erläutern. Für experimentierfreudige Nutzer finden sich die kompletten Einstellmöglichkeiten der Codecs wie immer hinter der ERWEITERT-Schaltfläche.

Grundsätzlich lässt sich aber sagen: Wenn es um das Verhältnis Qualität zu Dateigröße geht, sind HEVC und auch MPEG-4 kaum zu schlagen. Sie bekommen hochqualitative Dateien, die vergleichsweise klein sind. Ein Nachteil ist jedoch, dass das Konvertieren gerade auf älteren Rechner eine Menge Zeit in Anspruch nimmt. Daher gibt es im Export-Dialog unter SONSTIGES die Option COMPUTER NACH ERFOLGREICHEM EXPORT HERUNTERFAHREN. So können Sie den Export vor dem Schlafengehen starten und haben am nächsten Morgen das fertige Video.

Animierte GIFs: kennen Sie aus dem Internet, z. B. wenn Werbebanner verschiedene Bilderchen zeigen oder irgendwo eine Weltkugel rotiert. Ein animiertes GIF ist eine Grafik-Datei, die mehrere Bilder hintereinander kombiniert. Sie kann von Webbrowsern direkt angezeigt werden. Sie müssen jedoch ohne Ton auskommen.

Einzelbilder (JPEG oder BMP): Manchmal, z. B. wenn Sie ein Bild mit einem besonders tollen Effekt belegt haben oder wenn in einem Video ein Moment festgehalten wurde, von dem Sie kein separates Foto haben, möchten Sie ein Einzelbild als Foto aus Ihrer Photostory exportieren. Dazu müssen Sie den Abspielmarker an die Stelle setzen, an der sich das Bild befindet.

▶ Wählen Sie dann im Menü DATEI > EXPORTIEREN > EINZELNER FRAME ALS JPEG (bzw. BMP).

JPEG ist dabei das kleinere Format, hat aber auch – je nach Einstellung – eine schlechtere Qualität. Wenn Sie die Original-Qualität erhalten möchten, wählen Sie BMP.

Für mobiles Gerät ausgeben

Mit der Option **AUF MOBILES GERÄT AUSGEBEN** im **AUSGEBEN**-Dialog können Sie
Ihre Photostory auf ein Smartphone oder Tablet übertragen

Im Auswahlmenü wählen Sie zunächst Ihr Gerät aus.

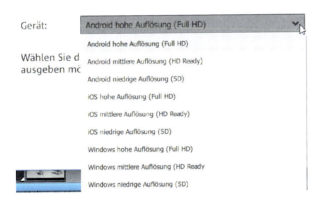

Dann klicken Sie auf **AUSGEBEN**.

Anschließend können Sie die Datei auf Ihr mobiles Gerät übertragen lassen.

Im Menü **DATEI** > **AUF GERÄT AUSGEBEN** finden Sie noch weitere Optionen, falls Ihr
Gerät spezielle Einstellungen benötigt.

Sie wählen wieder erst Ihr Gerät aus...

...und klicken danach auf **EINSTELLUNGEN**, um den jeweiligen Codecdialog zu öffnen. Hier können Sie die Exportoptionen dann beliebig ändern.

Projekt ins Internet stellen

Mittlerweile werden privat erstellte Videos immer häufiger einer breiten Öffentlichkeit zugänglich gemacht. Im Internet gibt es dafür zahlreiche Plattformen, die Sie teilweise direkt aus MAGIX Photostory Deluxe erreichen können. Natürlich können die Videos nach dem Export auch auf andere Plattformen hochgeladen werden, die hier nicht erwähnt sind.

Tipp: Denken Sie daran, dass Videos, die Sie auf eine solche Plattform hochladen, normalerweise von allen Menschen weltweit angesehen werden können. Laden Sie also nur die Videos öffentlich ins Internet, die Sie auch wirklich mit anderen Menschen teilen möchten. Sie sollten auch die Menschen, die in Ihren Photostories zu sehen sind, vorher fragen, ob sie etwas gegen eine Veröffentlichung einzuwenden haben.

▶ Klicken Sie im **AUSGEBEN**-Dialog (siehe Seite 297) auf die Option **INS INTERNET** und wählen Sie unter **COMMUNITY** die Plattform aus, auf der Sie Ihr Projekt präsentieren wollen.

YouTube

Das beliebte Internetportal YouTube wird direkt als Exportmöglichkeit für einzelne Fotos oder komplette Photostories unterstützt.

Halten Sie Ihre Login-Daten für Ihr Google-Konto bereit. Sollten Sie noch nicht bei Google registriert sein, erstellen Sie zuvor ein Benutzerkonto auf www.google.de unter ANMELDEN.

▸ Wählen Sie im Dialog INS INTERNET unter COMMUNITY die Option YOUTUBE.

Vor dem Export erscheint ein Dialog, in dem Sie Ihr Video für die Präsentation auf YouTube einrichten:

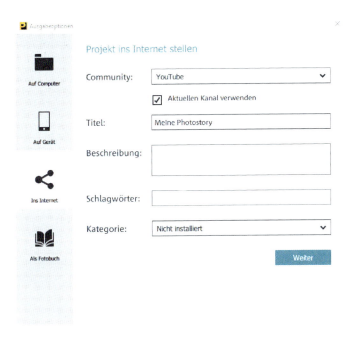

▸ Unter TITEL geben Sie einen aussagekräftigen Titel ein, unter dem das Video auch auf YouTube erscheint.
▸ Eine passende BESCHREIBUNG hilft Ihren YouTube-Zuschauern, sich zu orientieren.
▸ Unter SCHLAGWÖRTER können Sie Begriffe eingeben, mit denen Ihr Video in YouTube gefunden werden kann.
▸ Wählen Sie außerdem die KATEGORIE, in der das Video veröffentlicht werden soll.

flickr und Facebook

Der Upload auf die Portale flickr und Facebook funktioniert im Prinzip genauso wie bei YouTube.

▸ Wählen Sie im Dialog INS INTERNET unter COMMUNITY die Option FLICKR oder FACEBOOK.

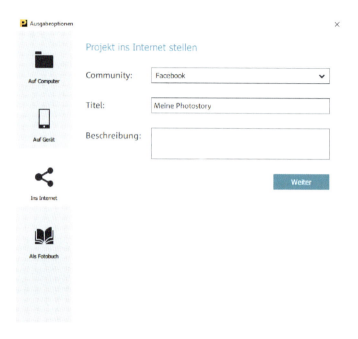

▸ Füllen Sie die Felder TITEL und BESCHREIBUNG aus.
▸ Klicken Sie anschließend auf WEITER und melden Sie sich bei flickr oder Facebook an.

Hinweis: Für beide Portale benötigen Sie natürlich ein Benutzerkonto, das Sie sich bei Bedarf kostenlos zulegen können. Bei flickr brauchen Sie ein Yahoo-Benutzerkonto.

magix.info

magix.info ist die Multimedia-Community von MAGIX, wo Sie eigene Fotos, Videos und Musik präsentieren können.

Um Ihre Photostory als Video auf magix.info hochladen zu können, müssen Sie es zunächst als Videodatei exportieren. Sie können grundsätzlich folgende Dateiformate benutzen: asf, mov, mpeg, mp4, 3gp und avi. Anschließend können Sie die Datei über das Menü HILFE > MAGIX.INFO – MULTIMEDIA WISSENSCOMMUNITY > FOTOS AUF MAGIX.INFO PRÄSENTIEREN hochladen.

Dabei öffnet sich Ihr Internet-Browser mit der Login-Seite. Wenn Sie noch kein Benutzerkonto bei MAGIX besitzen, wählen Sie erst REGISTRIEREN und folgen Sie den Anweisungen auf dem Bildschirm. Wenn Sie bereits ein Konto besitzen, loggen Sie sich mit Ihren Benutzerdaten ein.+

Auf der Startseite von magix.info können Sie eine Frage eingeben, um im Forum z.B. nach einer Lösung für ein technisches Problem zu suchen.

▶ Um auf die Präsentationsseite zu kommen, klicken Sie oben auf MEDIEN.

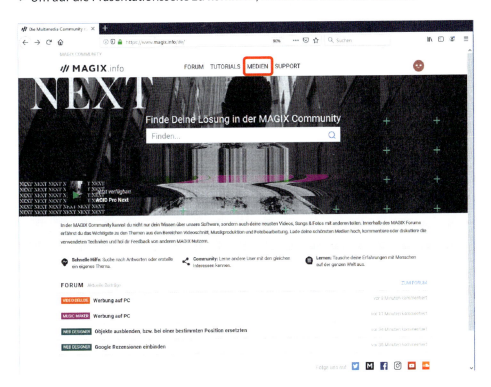

Anschließend erreichen Sie den Media-Bereich der MAGIX Community, wo Nutzer
ihre Medien präsentieren.

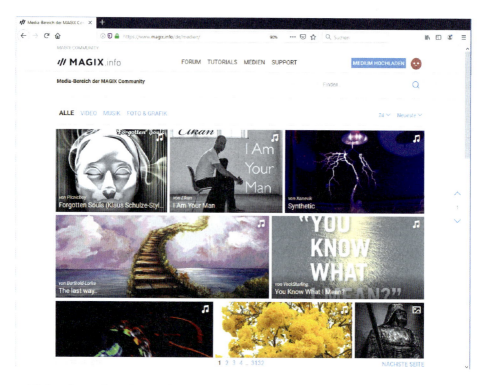

▶ Klicken Sie rechts oben auf die Schaltlfäche **MEDIUM HOCHLADEN** und laden Ihr
Video hoch.

Online-Zugangsdaten verwalten

Wenn Sie einen Online-Dienst wie YouTube zum ersten Mal verwenden, fragt Sie
MAGIX Photostory Deluxe nach Ihren Zugangsdaten. Diese werden automatisch
gespeichert, sobald Sie sie eingegeben haben, so dass Sie sie beim nächsten Mal
nicht abermals herauskramen müssen.

Wenn Sie die gespeicherten Zugangsdaten ändern möchten, geht das für alle
Online-Dienste folgendermaßen:

▶ Klicken Sie im Menü **DATEI** im Punkt **INTERNET** auf **ONLINE-ZUGANGSDATEN
VERWALTEN.**

▶ Wählen Sie im Dialog nun unter **SERVICE WÄHLEN** den Dienst, für den Sie die Zugangsdaten ändern möchten, und geben Sie diese unter **IHRE ZUGANGSDATEN** ein.

▶ Klicken Sie anschließend auf **SPEICHERN**, um Ihre Änderungen zu übernehmen.

Sicherheitskopien

Der Speicherort des Projekts ist in der Regel nicht identisch mit dem Speicherort der einzelnen Photostories, Fotos oder Musikdateien. Und schnell kann aus Versehen eine im Projekt benötigte Datei aus ihrem Verzeichnis gelöscht oder verschoben werden, woraufhin das Projekt beim nächsten Mal nicht mehr vollständig geladen werden kann.

Sicherheitskopien anzulegen ist daher eine gute Idee, wenn nach getaner Arbeit die Festplatte aufgeräumt werden soll. Dazu gibt es eine praktische Möglichkeit, die Sie im Datei-Menü finden.

Die Optionen unter **DATEI > SICHERHEITSKOPIE** bieten zwei Varianten, das Projekt bzw. die Photostories samt den verwendeten Dateien zu archivieren: entweder auf der Festplatte oder auf Disc. Dabei werden sämtliche beteiligten Dateien aller Photostories des Projekts zusammengesammelt und in ein bestimmtes Verzeichnis kopiert bzw. direkt auf eine Disc gebrannt.

Als Media Player ausgeben

Wenn Sie die Photostory auf Ihrer Website präsentieren möchten, empfiehlt sich die Option ALS MEDIA PLAYER AUSGEBEN, die Sie im Menü DATEI > EXPORTIEREN finden.

Sie wählen zunächst aus, ob Sie einen Media Player mit einer gerenderten Videodatei (VIDEO) oder mit den einzelnen Foto-, Video- und Audiodateien erzeugen wollen (EINZELNE MEDIEN). Im letzteren Fall bleiben alle Effekte unberücksichtigt.

Im Folgedialog wählen Sie die QUALITÄT und klicken auf SPEICHERN. Im Speicherverzeichnis finden Sie neben den Mediendateien eine HTML-Datei, die per Doppelklick den Media Player öffnet.

Weitere Tipps & Tricks

Die wichtigsten Parameter: Folgende Parameter beeinflussen die Qualität des Films maßgeblich und können in den erweiterten Einstellungen der meisten Exportdialoge eingestellt werden:

- **Codec:** Im Codec wird das Kompressionsverfahren zur Datenreduktion festgelegt. Es gibt eine Unmenge von Codecs. In Containerformaten wie AVI können Sie den Codec auswählen. Einige Codecs lassen sich auch als separate Dateien exportieren (im Fall der MPEG-Codecs als MPEG-Dateien).
- **Auflösung:** Je höher die Auflösung, um so mehr Bildinformationen hat das Video. Beachten Sie, dass bei einer höheren Auflösung auch die Datenrate erhöht werden sollte, damit die Qualität stimmt.
- **Datenrate** (oder Bitrate): Es handelt sich um die Übertragungsrate von Informationen (Bits) pro Sekunde. Je höher die Datenrate, um so höher ist die Qualität eines Videos.

Erstellungszeit beim Exportieren: Die zum Encodieren benötigte Zeit steigt mit
- einem leistungsschwachen Computer
- einer größeren Datenmenge (Länge des Videos, Auflösung, Bildern pro Sekunde)
- ressourcenhungrigen Codecs (H.264, MPEG4, WMV)
- höheren Qualitätseinstellungen des Codecs.

Exportformate: Bedenken Sie bei der Wahl des richtigen Exportformats, zu welchem Zweck Sie die Photostory exportieren. Hierzu folgende Empfehlungen:

- **Für den PC: WMV.** Es gibt mehrere konkurrierende Standards, um Videos und Photostories für die Präsentation auf dem Computerbildschirm zu exportieren. Wir empfehlen Ihnen WMV, aus folgenden Gründen: WMV wird von allen Computern unterstützt. WMV liefert sehr gute Qualität und lässt sich zudem in jeder erdenklichen Qualität exportieren: fürs Internet in geringer Auflösung bis zum hochauflösenden Bildschirmauftritt.
- **Für TV: Die richtige Entscheidung treffen.** Heutzutage werden eigentlich keine Röhrenfernseher mehr verkauft. Das heißt, die meisten Fernseher können heutzutage Videos in Full-HD-Auflösung wiedergeben. Sollte Ihr Publikum aber über einen Röhrenfernseher und ein altes Wiedergabegerät verfügen, so sollten Sie als Voreinstellung beim Export MPEG-2 mit einer PAL-Auflösung von 720x576 Pixeln verwenden. Am besten brennen Sie für die Wiedergabe am TV eine Disc (siehe Seite 328): Entweder eine Blu-ray Disc für Full HD oder eine DVD für PAL.

Einstellungen für höchste Qualität: Folgende Einstellungen empfehlen wir, wenn Sie eine bestmögliche Bildqualität wollen, wie sie z. B. auf einer Blu-ray Disc zu finden ist:

- **Exportformat:** HEVC
- **Durchschnittliche Bitrate:** 25000 kbit/s
- **Maximale Bitrate:** 50000 kbit/s

- **Level**: 5.2 (bei 4K-Material auch höher)
- **Kodierqualität**: BESSER oder BESTE
- **Audio:** 48.000 kHZ; 192 kbit/s

Das sind sehr hohe Qualitätseinstellungen für einen hervorragenden
Bildschirmauftritt. Die Encodierung kann bei solchen Einstellungen allerdings sehr
lange dauern.

Grande Finale: Photostory auf Disc präsentieren

Nun kommen wir zur hohen Schule der Bildpräsentation. Wie man nach allen Regeln der Kunst eine Photostory-Disc – normalerweise eine DVD oder Blu-ray – produziert, die man anschließend in den Player legt, um sich bequem im Sessel zurückzulehnen und das Leben als Zuschauer zu genießen.

Als solcher schiebt man einfach nur eine Disc ein. Und dann sollte sich ein möglichst einladendes Auswahlmenü öffnen, mit dem man per Fernbedienung die Photostories seiner Wahl abspielt.

Brennen-Oberfläche

Diese Aufgabe ist so wichtig, dass für sie eine eigene Programmoberfläche spendiert wurde: die Oberfläche BRENNEN.

▶ Klicken Sie auf die Schaltfläche BRENNEN, um diese zu erreichen.

In dieser Oberfläche gibt es zwei Ansichten, die Sie über die Schaltflächen links oben umschalten.

Vorschau-Ansicht

Wenn Sie in die BRENNEN-Oberfläche wechseln, starten Sie zunächst in der VORSCHAU-Ansicht.

- Links sehen Sie die Fernbedienung. Mit dieser können Sie das Verhalten der Disc testen. Sie funktioniert genauso wie die Fernbedienung Ihres DVD-Players.
- In der Mitte befindet sich der Vorschaumonitor. Alle Photostories aus dem Projekt werden im Auswahlmenü aufgelistet.
- Rechts befindet sich die BRENNEN-Schaltfläche.

- Unten sehen Sie Menüvorlagen. Doppelklicken Sie auf eine der Vorlagen, um Ihr gesamtes Menü in einem anderen Stil erscheinen zu lassen.

Um detailliertere Bearbeitungen vorzunehmen, wechseln Sie in die BEARBEITEN-Ansicht.

Bearbeiten-Ansicht

In der BEARBEITEN-Ansicht stehen Ihnen zusätzliche Optionen zur Bearbeitung des Menüs zur Verfügung.

Alle Menüelemente erscheinen mit einem Bearbeitungsrahmen.

▸ Ziehen Sie mit gehaltener Maustaste an einem Element, um es zu verschieben.
▸ Klicken Sie rechts auf ein Element, um es über das Kontextmenü zu löschen.
▸ Ziehen Sie an den Anfassern in den Ecken, um das Element zu skalieren.

Filme und Kapitel

Für das Auswahlmenü benötigt man zunächst eine Einteilung in „Filme" und
„Kapitel", so wie sie auch auf Kauf-DVDs zu finden ist. Als „Filme" fungieren dabei
unsere verschiedenen Photostories und als „Kapitel" die einzelnen Fotos bzw.
Videos.

Die Navigationsstruktur der DVD finden Sie links in der BEARBEITEN-Ansicht.

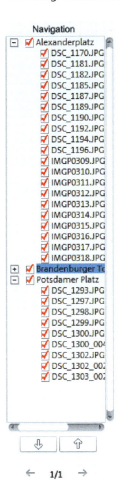

Dabei wird jede Photostory in Ihrem Projekt auf der obersten Menü-Ebene als Film
angeordnet. Im Bild oben sind das die Einträge ganz links: „Alexanderplatz",
„Brandenburger Tor" und „Potsdamer Platz", d. h. die drei Photostories unseres
Berlin-Projekts.

Darunter finden Sie die Kapitel – die einzelnen Fotos (oder, falls vorhanden, auch Videos). Leider haben DVD-Player die Beschränkung, dass sie nur 99 Kapitel anzeigen können.

Wenn Sie die Position einer Photostory oder eines Fotos im Menü verändern möchten, markieren Sie den Eintrag und klicken anschließend auf einen der Pfeile unterhalb der Navigation. In der Menü-Vorschau können Sie dann verfolgen, wie sich die Position der Photostory oder des Fotos dabei verändert.

Kapitel einrichten

Normalerweise werden sämtliche Fotos ins Kapitelmenü übernommen. Bei sehr vielen Fotos ist das nur begrenzt sinnvoll, zumal es die besagte technisch bedingte Grenze von 99 Kapiteleinträgen gibt.

Meist ist es empfehlenswert, ein Kapitelmenü einzurichten, das wirkliche Kapitel anspringt: selbständige Sinnabschnitte oder Stationen innerhalb der Photostory.

Dazu müssen Sie Ihre Photostory natürlich zunächst in passende Kapitel unterteilen. Am besten, Sie schauen sich Ihre Photostory an und schreiben die Namen der Fotos bzw. Videos auf, bei denen ein neues Kapitel beginnen soll.

Anschließend öffnen Sie die Oberfläche BRENNEN und schalten in der NAVIGATIONSSTRUKTUR alle Fotos aus, bei denen kein neues Kapitel beginnt.

▸ Falls das Kapitelmenü nicht geöffnet sein sollte, klicken Sie auf das kleine Plus-Symbol neben den Film-Einträgen.

▸ Entfernen Sie nun die Häkchen bei den Bildern, die nicht im Menü auftauchen sollen.

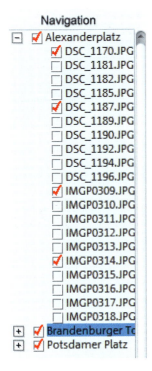

So machen Sie Ihr Menü übersichtlicher und sorgen trotzdem dafür, dass bestimmte Schlüsselstellen angesprungen werden können.

Um zu verhindern, dass die Kapitel (wie bei uns) den automatisch zugewiesenen Dateinamen der Fotos bekommen, können Sie aussagekräftige Namen vergeben. Sobald Sie ein Bild in der Navigationsstruktur markieren, wird das entsprechende Untermenü in der Vorschau angezeigt. Um den Namen zu ändern, doppelklicken Sie auf den Menüeintrag und vergeben im Editor EIGENSCHAFTEN DES MENÜEINTRAGS (siehe Seite 321) einen neuen.

Menüvorlagen anpassen

Bisher haben wir nur eine gesamte Vorlage übernommen. Möglicherweise findet sich aber keine Vorlage, die so richtig nach Ihrem Geschmack ist. Vielleicht finden Sie die Schrift der einen Vorlage zwar gut, aber die Schaltflächen einer anderen Vorlage besser?

Für solche Fälle gibt es die Möglichkeit, Menü-Elemente miteinander zu kombinieren. Dazu dienen oben über der Vorlagenleiste die Reiter VORLAGEN, BUTTONS, SCHRIFT, ANORDNUNG und LETZTE VORLAGEN:

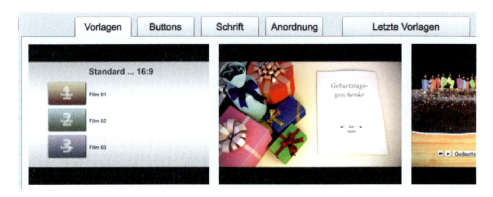

- ▶ Im Reiter **VORLAGEN** übernehmen Sie das Menü-Layout komplett, wenn Sie auf ein Layout doppelklicken.
- ▶ In den Reitern **BUTTONS**, **SCHRIFT** und **ANORDNUNG** übernehmen Sie nur das Aussehen der Schaltflächen, der Texte bzw. der Menüstruktur.
- ▶ Unter **LETZTE VORLAGEN** werden Ihnen die zuletzt ausgewählten Menüvorlagen angezeigt.

Wählen Sie also Ihre gewünschten Elemente aus (wie z. B. hier eine andere Anordnung) und doppelklicken Sie, um das Element zu übernehmen.

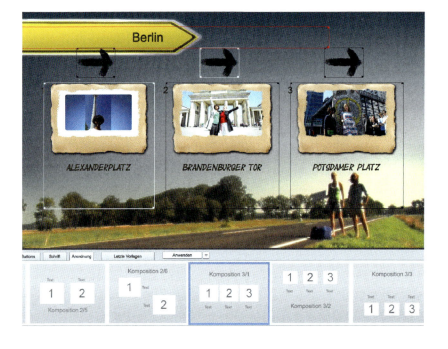

Menüeinträge bearbeiten

Um einen Menüeintrag zu bearbeiten, doppelklicken Sie auf den Eintrag im Vorschaumonitor.

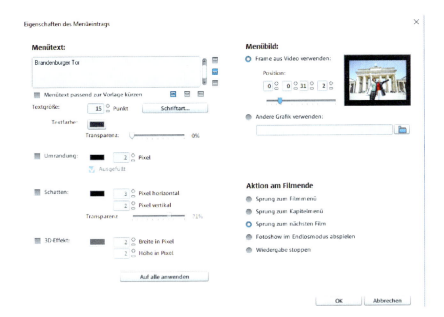

Links bearbeiten Sie den MENÜTEXT. Sie können neben dem Text die Ausrichtung ändern, die TEXTGRÖSSE, TRANSPARENZ und TEXTFARBE, eine Umrandung, einen SCHATTEN oder 3D-EFFEKT vergeben und diese wiederum genauer einstellen. Die Schaltfläche AUF ALLE ANWENDEN übernimmt diese Einstellungen dann für alle Menüeinträge.

Rechts oben ändern Sie das MENÜBILD. Mit dem Schieberegler können Sie durch die Photostory scrollen, um sich ein passenderes Bild auszusuchen.

Natürlich können Sie auch ein ganz anderes Bild als Vorschau verwenden. Klicken Sie dazu auf den Ordner unter ANDERE GRAFIK VERWENDEN und wählen Sie das gewünschte Bild aus.

Rechts unten unter **AKTION AM FILMENDE** stellen Sie ein, was nach dem Abspielen der Photostory passieren soll. Normalerweise wird **SPRUNG ZUM FILMMENÜ** ausgewählt, damit man anschließend selber entscheiden kann, was als Nächstes passiert.

Disc-Optionen einstellen

Über **INTROVIDEO** können Sie ein Video aussuchen, das beim Einlegen der Disc in einen Player automatisch abgespielt wird, bevor das Menü erscheint.

Darunter stellen Sie ein, ob es auf Ihrer Disc **FILM-** und **KAPITELMENÜS** geben soll. Beachten Sie, dass es bei mehr als einer Photostory nicht möglich ist, nur das Kapitelmenü auszuwählen. Außerdem können Sie wählen, ob in Ihren Menüs **VORSCHAUBILDER**, eine **NUMMERIERUNG** und **RAHMEN** um die Bilder zu sehen sind.

Weitere Gestaltungsmöglichkeiten

Über dem Vorschaumonitor sehen Sie acht Schaltflächen, die Ihnen bei der Gestaltung des Menüs helfen.

 Die beiden PS-Schaltflächen ermöglichen den Export und Import des aktuellen Menü-Layouts als PSD-Datei, um es in Adobe Photoshop, MAGIX Foto & Grafik Designer, Gimp oder anderen PSD-fähigen Programmen zu bearbeiten.

 Die beiden Pfeile stehen für Rückgängig und Wiederherstellen. Sie können damit alle Bearbeitungsschritte nacheinander rückgängig machen bzw., falls Sie zu weit gegangen sind, auch wiederherstellen.

Mit der nächsten Schaltfläche legen Sie fest, ob Objekte proportional skaliert werden. Diese Option ist standardmäßig eingeschaltet.

 Das Kettensymbol sorgt dafür, dass zusammengehörige Objekte (z. B. Vorschaubild und Beschriftung) miteinander gruppiert werden und somit gemeinsam verschoben werden können.

 Das viereckige Symbol schaltet ein Quadrat hinzu, an dem Sie den Rand Ihres TV-Geräts sehen. So können Sie schnell erkennen, ob alle Bereiche des Menüs sichtbar sein werden.

 Das Magnet-Symbol schaltet ein Raster hinzu, an dem Sie Ihre Menüelemente ausrichten können. An der Pfeil-Schaltfläche rechts daneben können Sie einen Dialog öffnen, um die Schrittweite des Rasters einzustellen.

Seite gestalten

Über die +-Schaltfläche können Sie Ihrem Menü eine zusätzliche Seite hinzufügen. Über das Minussymbol (–) wird die aktuell ausgewählte Seite gelöscht.

Sobald Sie eine neue Seite erstellen, öffnet sich der **NEUE MENÜSEITE**-Dialog.

Geben Sie unter **MENÜTITEL** ein, welcher Titel oben auf der Seite angezeigt werden soll. Wenn Sie **ALS ERSTE MENÜSEITE EINSORTIEREN** auswählen, wird die Seite geladen, wenn Sie die Disc in ein Abspielgerät legen.

Außerdem wird eine Schaltfläche ZUM MENÜ hinzugefügt, mit der Sie das eigentliche Menü öffnen können.

Über die Schaltfläche BEARBEITEN öffnen Sie einen weiteren Editor für den Hintergrund der Seite.

Hier lässt sich ein Farbwert einstellen, eine Grafikdatei verwenden oder ein Bild aus einer Photostory auswählen.

Alternativ lässt sich die Seite auch IM EXTERNEN EDITOR MAGIX Foto Designer detailliert bearbeiten.

Darüber hinaus kann die Seite auch mit einer akustischen oder animierten Untermalung aussgestattet werden. Dazu dienen die Schaltflächen TON/MUSIK und VIDEO.

Über VIDEO öffnen Sie einen erweiterten Dialog HINTERGRUNDGESTALTUNG, in dem Sie ein belliebiges Video laden und die Sequenz einstellen können, die als Videoloop im Menühintergrund gezeigt werden soll.

Schaltfläche gestalten

Buttons – also Schaltflächen, die mit bestimmten Abschnitten Ihrer Photostory oder Seiten Ihres Menüs verknüpft sind – können Sie auf allen Seiten des Menüs erstellen. Klicken Sie dazu auf das + neben dem Punkt SCHALTFLÄCHE GESTALTEN.

Es erscheint der Dialog EIGENSCHAFTEN DES MENÜEINTRAGS in leicht abgewandelter Form.

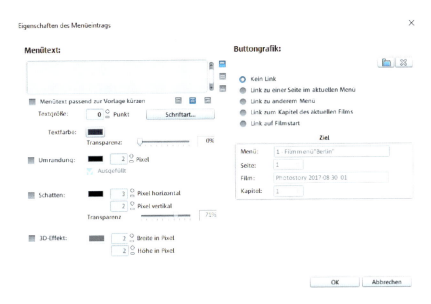

Die linke Seite kennen Sie bereits (siehe Seite 321). Auf der rechten Seite legen Sie fest, wie die Schaltfläche aussehen soll (**BUTTONGRAFIK**) und wohin sie verweist:

- **KEIN LINK** erstellt eine Schaltfläche, die keinen Verweis enthält.
- **LINK ZU EINER SEITE IM AKTUELLEN MENÜ** verknüpft die Schaltfläche mit einer anderen Seite des Menüs.
- **LINK ZU EINEM ANDEREN MENÜ** verweist auf ein anderes Menü auf derselben Disc.
- **LINK ZUM KAPITEL DES AKTUELLEN FILMS** sorgt dafür, dass zu einem bestimmten Kapitel (siehe Seite 318) des Films gesprungen wird.
- **LINK AUF FILMSTART** lässt den Film von vorne abspielen.

Sobald Sie sich für eine der Optionen entschieden haben, legen Sie unter ZIEL fest, für welches Menü und welchen Film Ihre Auswahl gilt.

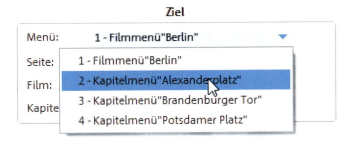

Haben Sie also z. B. **LINK ZU EINER SEITE IM AKTUELLEN MENÜ** gewählt, so wählen Sie unter **MENÜ** zuerst das Menü, für das Ihre Auswahl gelten soll und dann unter **SEITE** die passende Seite. Genauso würden Sie bei der Wahl von **LINK ZUM KAPITEL**

DES AKTUELLEN FILMS zunächst den FILM auswählen und dann das gewünschte KAPITEL.

Sobald Sie fertig sind und auf OK geklickt haben, können Sie die Schaltfläche auf der Seite wie gewohnt verschieben und anpassen.

Über IM EXTERNEN EDITOR lässt sich jede Schaltfläche auch in MAGIX Foto Designer bearbeiten.

Disc brennen

Zum Brennen der Disc klicken Sie auf die Brennen-Schaltfläche.

Disctypen

Im nachfolgenden Dialog wählen Sie den Disctyp aus.

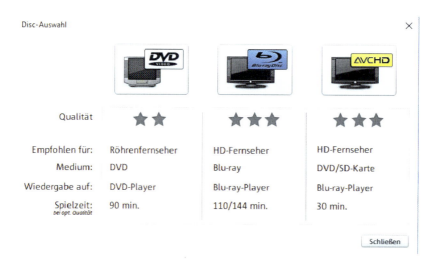

Im unteren Bereich des Dialogs erhalten Sie Informationen zu dem jeweiligen Format.

Brennerauswahl

Nach der Auswahl des Disc-Typs öffnet sich der jeweilige Brenndialog.

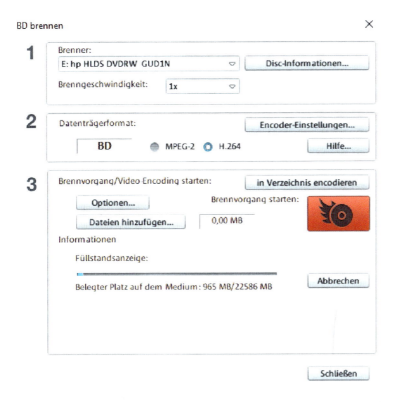

Unter Punkt 1 sollte Ihr Brenner aufgeführt sein. Hier lässt sich auch der IMAGE RECORDER auswählen, mit dem sich ein Disc Image erstellen lässt. Dieses Image ist sozusagen eine virtuelle Disc, die alle Informationen der Disc enthält und später direkt auf eine echte Disc gebrannt werden kann.

Encoder-Einstellungen

Unter Punkt 2 können Sie die ENCODER-EINSTELLUNGEN aufrufen. Denn vor dem Brennen werden alle Dateien und Einstellungen des Projekts noch zusammengefasst und encodiert.

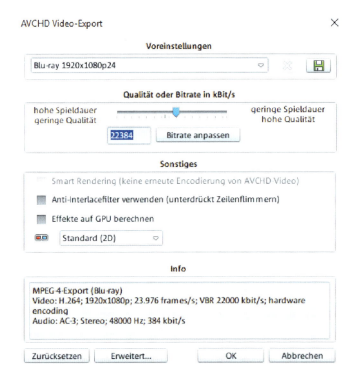

- Der Schieberegler QUALITÄT ODER BITRATE IN KBIT/S beeinflusst auch die maximale Länge der gebrannten Disc und die Dauer des encodiervorgangs. Sollte Ihr Material also etwas zu lang für die Disc sein, so verringern Sie diese Einstellung leicht.
- SMART RENDERING unterbindet, dass bereits fertige MPEG-Videos neu enkodiert werden. Dies spart Zeit.
- EFFEKTE AUF GPU BERECHNEN ist dann sinnvoll, wenn Sie über eine Grafikkarte verfügen, die einen starken Grafikprozessor hat.
- Über das Auswahlmenü neben der 3D-Brille können Sie zudem einstellen, ob Ihre Disc in Stereo3D ausgegeben werden soll und wenn ja, in welchem Modus (siehe Seite 292).
- Die ERWEITERT-Schaltfläche führt zu den „Eingeweiden" des MPEG-Encoders, für die echte Spezialkenntnisse nötig sind. Die wichtigsten Punkte haben wir weiter oben bereits erläutert (siehe Seite 311).

Brennoptionen

Unter Punkt 3 des Brenndialogs erreichen Sie über **OPTIONEN** den Dialog
BRENNOPTIONEN.

- **MIT VORHERIGER SIMULATION** startet den Brennvorgang als Testlauf. Dabei
  können Sie feststellen, ob die aktuell gewählte Brenngeschwindigkeit und der
  benötigte Speicherbedarf auf der Disc zu Problemen führen oder nicht.
- **BUFFER-UNDERRUN-SCHUTZ AKTIVIEREN** ist eine Technik zum sicheren Brennen
  mit hoher Geschwindigkeit und sollte immer angewählt bleiben.
- **DVD-/CD-RW-MEDIEN KOMPLETT FORMATIEREN** löscht auf wiederbeschreibbaren
  Discs alles Material durch vorheriges Formatieren.
- **PC NACH BRENNVORGANG HERUNTERFAHREN** fährt den Computer am Ende des
  Vorgangs automatisch herunter. Bei langem Encodieren müssen Sie sich also nicht
  mehr um das Abschalten kümmern.
- **DVD-KOMPATIBEL MIND. 1 GB SCHREIBEN** sorgt dafür, falls Ihre Photostories
  weniger als ein GB einnehmen, dass die DVD bis zu dieser Grenze mit Daten
  gefüllt wird. Manche DVD-Player haben sonst Probleme mit dem Abspielen der
  DVD.
- **STANDARD-DVD-VIDEO AUF GLEICHE DISC BRENNEN** sorgt dafür, falls Sie ein
  anderes Format brennen, dass zusätzlich noch Standard-DVD-Video mit auf die
  Disc gebrannt wird, um Kompatibilitätsprobleme zu verhindern.
- **DEFEKTMANAGEMENT DES BRENNERS EINSCHALTEN**: Diese Option ist
  standardmäßig aktiviert und nutzt das eingebaute Defektmanagement des
  Brenners.
- **DATEN NACH DEM SCHREIBVORGANG ÜBERPRÜFEN** startet eine Suche nach
  Schreibfehlern und warnt Sie, falls Unstimmigkeiten entdeckt werden.

- Unter CD-/DVD-TITEL geben Sie den Namen der Disc ein. Beim Einlegen in ein Laufwerk wird dieser als Datenträgername im Computer angezeigt.

Disc brennen

Mit einem Klick auf die Schaltfläche bei BRENNVORGANG STARTEN beginnt das Encodieren des Filmmaterials. Anschließend wird die Disc automatisch gebrannt.

Cover und Label drucken

Selbst jetzt, nachdem wir unser Projekt mit perfektem Auswahlmenü auf eine DVD gebrannt haben, sind wir noch nicht am Ende unseres Tuns. Denn der gebrannte Silberling muss ja noch in eine ansprechende Hülle.

Dazu gibt es das MAGIX Xtreme Druck Center. Damit können Sie aus MAGIX Photostory Deluxe heraus schnell alle nötigen Druckvorlagen für Ihre Disc-Hülle und die Disc selbst erstellen.

 ▸ Klicken Sie auf das Druckersymbol unten rechts in der Oberfläche BRENNEN. Es startet das MAGIX Xtreme Druck Center.

Vorlage auswählen

Sie werden zunächst gefragt, ob Sie nur das Cover (d. h. die Vorderseite einer CD-Hülle), das Cover plus das Inlay (also auch die Rückseite) oder zusätzlich auch das Label, das Sie auf die gebrannte CD kleben, erstellen möchten.

Wir entscheiden uns für die letztere Variante.

Im Arbeitsbereich sehen wir nun die drei Elemente. Das CD-Label ist dabei doppelt vorhanden.

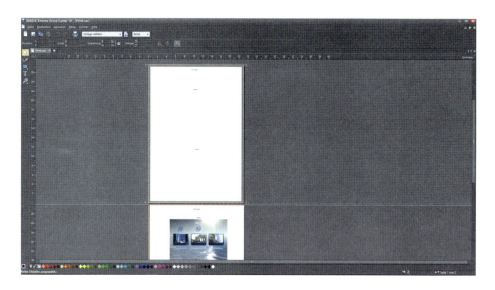

Vorlage anpassen

Sie sehen, dass auf der Vorderseite der CD das Menü abgebildet wird. Auf der Rückseite wurde eine Übersicht über Ihre Photostories angelegt. Die CD-Hülle trägt den Namen des Projekts.

Auf der linken Seite in MAGIX Xtreme Druck Center gibt es verschiedene Werkzeuge, mit denen Sie die Vorlagen bearbeiten können.

 1: Das Auswahl-Werkzeug dient zum Auswählen, Skalieren und Drehen von Objekten.

 2: Mit dem Stift-Werkzeug zeichnen Sie Linien und Formen.

3: Das Rechteck-Werkzeug erzeugt rechteckige Formen.

 4: Das Kreis-Werkzeug erzeugt Kreise und Ellipsen.

 5: Das Quickshape-Werkzeug erzeugt Sterne, Vielecke und Ellipsen.

 6: Mit dem Text-Werkzeug fügen Sie Text hinzu.

 7: Mit dem Schiebe-Werkzeug verschieben Sie Ihre Seite.

 8: Mit dem Zoom-Werkzeug können Sie herein- und herauszoomen.

Eine schnelle und naheliegende Möglichkeit, Vorlagen zu bearbeiten, ist es, Fotos hinzuzufügen. Dies geschieht einfach per Drag & Drop aus dem Datei-Browser.

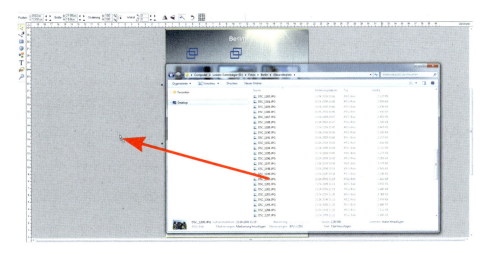

Mit dem Auswahl-Werkzeug können Sie das Bild verkleinern und verschieben. Schnell haben Sie eine ansprechende CD-Hülle.

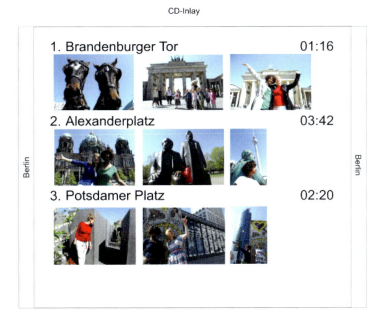

In unserem Beispiel haben wir zusätzlich zum Einfügen und Verkleinern der Bilder noch die Abstände zwischen den Textzeilen mit dem Text-Werkzeug vergrößert. Probieren Sie aber ruhig etwas mit dem MAGIX Xtreme Druck Center herum; Sie werden sehen, es ist sehr vielseitig.

Tipp: Wenn Sie MAGIX Foto Premium oder den MAGIX Foto & Grafik Designer besitzen, können Sie Ihre Projekte aus MAGIX Xtreme Druck Center auch damit laden und mit noch mehr Möglichkeiten bearbeiten.

Cover, Inlay und Label drucken

Für die Seite mit den Disc-Labels gibt es spezielles Papier im Fachhandel, das Sie anschließend direkt auf den Rohling kleben können. Verwenden Sie nur solches Papier für den Druck der Label-Seite. Ihr Cover und Inlay sollten Sie auf etwas dickerem Papier (ab 100g/m² drucken), damit es nicht durchschimmert und fest in der Hülle sitzt.

Weil es unterschiedliche Papiervorlagen gibt, lässt sich im VORLAGEN-Menü die Vorlage auswählen, auf die gedruckt werden soll:

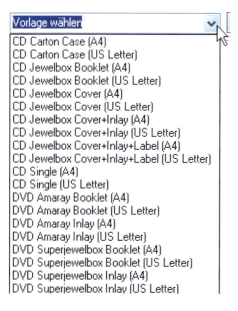

Wenn Sie mit Ihren Anpassungen zufrieden sind, drucken Sie Ihr Projekt über das Menü DATEI > DRUCKEN.

Weitere Tipps & Tricks

Disc Image brennen: Im Brenndialog (siehe Seite 329) haben Sie die Möglichkeit, ein sogenanntes Disc Image, also eine exakte Kopie der gebrannten Disc, als Datei zu erstellen. Diese Kopie können Sie später mit jedem beliebigen Brennprogramm brennen.

Wählen Sie dazu als Brenner den **IMAGE RECORDER** aus. Wenn Sie nun auf die Schaltfläche **BRENNVORGANG STARTEN** klicken, öffnet sich ein Dialog, in dem Sie den Speicherort für die Image-Datei festlegen können.

99-Kapitel-Grenze umgehen: Die Grenze von 99 möglichen Kapiteleinträgen im Menü können Sie auf zwei Weisen umgehen. Entweder Sie wählen manuell bestimmte Bilder ab, bis Sie unter dieser Grenze liegen, oder Sie trennen die Photostory in zwei Photostories mit je 99 verfügbaren Einträgen auf.

Am einfachsten geht das mit dem Assistenten zum **PHOTOSTORY AUFTEILEN**, der alle Teil-Photostories automatisch erstellt (siehe Seite 59). Allerdings haben Sie dabei keine echte Kontrolle über die Anfänge und Enden der einzelnen Photostories. Alternativ können Sie Ihre überlange Photostory auch „per Hand" aufteilen:

▶ Wechseln Sie wieder in die Oberfläche **PHOTOSTORY**.
▶ Wechseln Sie in die Photostory, die Sie trennen möchten.
▶ Verfahren Sie so, wie im Abschnitt „Photostory auftrennen" (siehe Seite 58) beschrieben.

Nachdem Sie eine Photostory geteilt haben, können Sie übrigens den zweiten Teil automatisch starten lassen, so dass beim späteren Abspielen keine unerwünschte Pause entsteht (siehe Seite 321).

Hardware-Probleme: Viele Probleme hängen mit der Hardware zusammen, mit veralteten DVD-Playern, falschen CD- oder DVD-Rohlingen, inkompatiblen Brennern und zu schwachen Rechnern. Deshalb noch der Tipp: Prüfen Sie Ihre Hardware! Bringen Sie die Firmware der Brenner und DVD-Player auf den neuesten Stand. Die Webseiten der Gerätehersteller informieren im Zweifelsfall über die aktuellsten Firmware-Updates. Ton- oder Videoaussetzer und Ruckeln können auch mit schlechten oder falschen CD- oder DVD-Rohlingen zusammenhängen. Testen Sie den Export mit einem Markenrohling. Probleme könnten auch am DVD-Player liegen, der ein bestimmtes DVD-Format nicht abspielen kann. Überprüfen Sie, welchen Art Rohling Sie benutzt haben (+R, -R, +RW, -RW), und ob Ihr DVD-Player in der Lage ist, dieses Format abzuspielen.

Es werde Licht! Tipps & Tricks zur Digitalfotografie

Wie geschickt man auch immer seine Fotos mit Effekten, Blenden oder Tonspur-Tricks aufpeppt – letzten Endes hängt die Qualität einer Photostory doch immer an der Qualität der verwendeten Fotos.

Deshalb möchten wir Ihnen zum Schluss noch einige Dinge ans Herz legen, die man beachten sollte, um gute Fotos zu schießen. Dieses abschließende Kapitel führt Sie also aus MAGIX Photostory Deluxe heraus und in einige Grundlagen der digitalen Fotografie hinein.

Licht

Licht ist das Element der Fotografie: Fotos sind Ablichtungen unserer Welt. Deshalb liegt es auch oft am Licht, wenn Fotos nicht gelingen. Ein gelungenes Foto ist scharf, zumindest in bestimmten Teilen, und es ist gut belichtet. Auch die Farben – als Spielarten des Lichts – nehmen eine entscheidende Rolle ein.

Die Belichtung wird von drei Faktoren beeinflusst: der Blende, der Verschlusszeit und dem sogenannten ISO-Wert. Kompakte Kameras haben den Vorteil, die Belichtung in Abhängigkeit aller Faktoren für bestimmte Aufnahmesituationen automatisch einstellen zu können. Sonnige Tage und bewölkte Tage benötigen unterschiedliche Blenden und Verschlusszeiten, die in der Programmautomatik voreingestellt sind. Dabei handelt es sich um angepasste Mittelwerte, die in den meisten Situationen zu guten Aufnahmen führen.

Trotzdem sollten Sie aber auch die manuellen Belichtungseinstellungen Ihrer Kamera kennen lernen.

Blende

Zunächst die Blende: Sie regelt die Größe der Öffnung, durch die das Licht einfällt. Eine kleine Blende bewirkt einen geringen Lichteinfall, eine große Blende ermöglicht einen starken Lichteinfall.

Fokussiert man Entferntes mit einer großen Blende wie 2,8, wird der Vordergrund unscharf. Und umgekehrt: Beim Fokus auf Nahes, zum Beispiel beim Porträt, wird bei gleichen Blendengröße der Hintergrund unscharf.

Hier sehen Sie, wie der Hintergrund mit großer Blende unscharf ist, so dass sich das Motiv heraushebt. Lesen Sie dazu auch den Abschnitt zu Schärfentiefe (siehe Seite 350).

Wenn Sie eine weite Landschaft fotografieren wollen, sollten Sie den weiten Blick mit einer kleinen Blende fixieren, so dass sowohl die Objekte im Vordergrund als auch im Hintergrund scharf zu erkennen sind.

Verschlusszeit

Zur Blende gehört die Belichtungszeit, die auch als Verschlusszeit bezeichnet wird. Die Verschlusszeit ist die Zeit, während der Licht in die Kamera fällt: Eine kurze Verschlusszeit bedeutet also wenig Licht – eine lange Verschlusszeit viel Licht.

Eine kurze Verschlusszeit nutzen Sie beispielsweise bei Actionfotos. Der sogenannte Actionmodus, der mit einer extrem kurzen Verschlusszeit auslöst, gehört zu den üblichen Voreinstellungen einer Kompaktkamera und befindet sich im Programmmenü. Ein Sprung, ein Wassertropfen, ein rasanter Augenblick kann augenblicklich gestoppt und in der Bewegung eingefroren werden.

Eine lange Verschlusszeit hingegen wird eine fließende Bewegung, wie die des Wassers, nicht einfrieren, sondern als Bewegung sichtbar machen.

Zweimal Wasser in Bewegung: links scharf mit einer kurzen, rechts verschwommen mit einer langen Verschlusszeit.

Ein typisches Beispiel für eine lange Verschlusszeit sind auch Nachtaufnahmen ohne Blitz. Je nach Lichtsituation kann es einige Sekunden dauern, bis ein nächtliches Bild ausreichend belichtet ist. Ein Stativ kann dabei sinnvoll sein, um ein Verwackeln aus der Hand zu vermeiden.

Fotografieren Sie nachts auch mal ohne Blitz und erzeugen Sie Nachtaufnahmen mit farbigen Lichtern und Linien!

Manche Kameras bieten die Möglichkeit, eine lange Verschlusszeit mit einem Blitz zu verbinden. Daraus ergeben sich effektvolle Bilder, geeignet um z. B. bewegte Partyaufnahmen authentisch festzuhalten. Die lange Verschlusszeit sorgt für die farbintensiven Verwischungen und der Blitz sorgt für die abschließende Kontur der Motive.

Manueller Belichtungsausgleich

Kritische Fotosituationen lassen sich durch einen Belichtungsausgleich korrigieren. Das gilt beispielsweise für Bilder, die in sehr heller Umgebung wie Schnee oder Strand aufgenommen werden. Die Belichtungsautomatik interpretiert die Situation als lichtstark und verringert die Blendenöffnung. So kann es passieren, dass Schnee oder Sandstrand unterbelichtet, also zu dunkel werden.

Sie können den Lichteinfall mit der Belichtungseinstellung anpassen. „+1" bedeutet z. B. dass alles ein wenig heller belichtet wird. Sollte es trotzdem zu unterbelichteten Bildern kommen, ist das in der digitalen Fotografie kein schwerwiegendes Problem. Sie können in der Nachbearbeitung Ihre zu dunklen Bilder leicht korrigieren.

ISO-Wert

Die Lichtempfindlichkeit eines Chips wird durch den ISO-Wert ausgedrückt und mit
Zahlenwerten zwischen ISO 100 für besonders lichtstarke Situationen bei Tageslicht
und bis zu ISO 1600 und höher in Nachtsituationen angegeben. Wenn Sie bei
schwachem Licht ohne Blitz fotografieren wollen, können Sie z. B. gut auf ISO 800
erhöhen. Eine erhöhte ISO-Einstellung führt allerdings zu einem stärkeren
Bildrauschen.

Hier sehen Sie ein Bild mit einem hohen ISO-Wert und entsprechendem
Bildrauschen.

Weißabgleich

Achten Sie bei der Belichtung auch auf die Farbgebung. Bestimmte Lichtsituationen
führen zu farblichen Fehlinterpretationen der Digitalkamera. So kann es z. B. bei
Innenaufnahmen mit Kunstlicht zu einem Rot- oder Gelbstich kommen; Neonlicht
kann einen unwirklichen Grünstich verursachen.

Sie können Ihre Kamera aber auf die verschiedenen Lichtsituationen einstellen. Das
funktioniert über den Weißabgleich, der automatisch, halbautomatisch oder manuell
geregelt werden kann. Im Idealfall interpretiert die Kamera den hellsten Punkt mit
Weiß und liegt dabei automatisch richtig.

Da jedoch zu jeder Tageszeit eine andere Farbe des Spektrums dominiert, hilft es, die
Kamera über die Tageszeit oder die Lichtstimmung zu informieren. Bei
Glühlampenlicht wird zum Beispiel der Rotanteil verstärkt, in der Dämmerung
herrscht blaues Licht. Unser Auge kann das ausgleichen, die Kamera aber nicht.

Deshalb sollte ein Weißabgleich gemacht werden. Dazu gibt es automatische
Kamera-Voreinstellungen wie Tageslicht, Dämmerung, Neonlicht, innen und außen.

In extremen Lichtsituationen empfiehlt sich ein manueller Weißabgleich. Richten Sie die Kamera im manuellen Weißabgleichsmodus auf ein weißes Blatt Papier und definieren Sie damit Weiß. Verwenden Sie die Funktion, die mit „WB" oder „White Balance" oder „Weißabgleich" bezeichnet ist. Daraufhin ist der automatische Weißabgleich gesperrt, und die Kamera interpretiert die Farben korrekt.

Manche Digitalkameras bezeichnen ihren Weißabgleich-Modus nicht besonders schlüssig. Lesen Sie am besten die Bedienungsanleitung Ihrer Kamera, um zu erfahren, wie der manuelle Weißabgleich bei Ihrem Modell funktioniert.

Sollten Sie über einen Fotoapparat verfügen, der nicht über eine solche Funktion verfügt, können Sie den Weißabgleich auch nachträglich in MAGIX Photostory Deluxe machen. Lesen Sie dazu bitte im Effektkapitel den Abschnitt „Farbe" (siehe Seite 124).

Richtige Ausleuchtung

Ausleuchtung ist die schwierige Kunst, Lichtquellen in einem Raum kameratauglich zu positionieren. Grundsätzlich werden meistens drei Lichtquellen eingesetzt: Führungslicht, Aufhelllicht und Gegenlicht.

Führungslicht: Das Führungslicht stellt immer die Hauptlichtquelle dar. Man sollte das Führungslicht so positionieren, dass es den Zuschauer nicht vor logische Fragen stellt (z. B. „Warum kommt das Licht von rechts, wenn alle Fenster auf der linken Seite sind?").

Aufhelllicht: Je nach Einfallswinkel auf das Objekt wirft das Führungslicht nun Schlagschatten auf die Oberfläche. Sind diese nicht gewollt, was meistens der Fall ist, werden diese durch das sogenannte Aufhelllicht reduziert. Das Aufhelllicht platziert man auf der anderen Seite des Führungslichtes neben der Kamera.

Gegenlicht: Die dritte Lichtquelle – das Gegenlicht – hebt das Objekt gegenüber dem Hintergrund hervor. Dazu sollte es so platziert werden, dass es niemals direkt in die Kamera leuchtet, sondern nur das Objekt von hinten bestrahlt.

Andere Lichtquellen: Oft werden noch weitere, weniger dominante Lichtquellen eingesetzt, um im Hintergrund oder in der Kulisse Lichtakzente zu setzen. Dies kann notfalls auch mit herkömmlichen Glühbirnen erfolgen, die mittels Papierklappen in ihrer Streulichtung begrenzt werden.

Mischen Sie nicht Tageslicht mit Kunstlicht. Wenn Sie eine Person fotografieren, die von der einen Seite durch ein Fenster von der Sonne beleuchtet wird und von der anderen Seite durch eine Lampe bestrahlt wird, werden Sie auch bei manuellem Weißabgleich immer einen deutlichen Farbstich erhalten. Sie können diesen Effekt zwar abmildern, indem Sie vor die Kunstlichtquelle einen Blaufilter spannen (blaue Folie oder ähnliches); oftmals ist es aber einfacher, wenn Sie die Vorhänge zuziehen.

Amateure setzen oft billige Halogen-Baustellenscheinwerfer ein. Empfehlenswerter sind Leuchtstoffröhren, da sie eine sehr gute Lichtausbeute bei geringer Leistungsaufnahme und Hitzeentwicklung ermöglichen. Außerdem erzeugen sie sehr diffuses Licht, das nicht blendet und mit dem sich Räume und Gesichter gut ausleuchten lassen. Man kann die Lichtausbeute noch erhöhen, indem parallel zur Lampe zwei lange und ca. 15 cm breite Spiegel mit Klappscharnieren angebracht werden.

Wolfram-Halogenglühlampen sind ebenfalls empfehlenswert, weil Digitalkameras Farbtemperaturwechsel gut vertragen. HMI-Lampen verbinden hohe Lichtleistung mit relativ geringer Wärmeentwicklung. Nachteile: Sie sind teuer und schwer zu handhaben. Professionelle Xenonlampen spenden weiches Licht, haben eine stabile Farbtemperatur und relativ geringe Hitzeentwicklung – sie sind eine sehr gute Lösung.

Aufnahmen mit Blitz

Fotografieren heißt Licht festhalten – Blitzen heißt Licht erzeugen.

Das scheint zwar zueinander zu passen, doch nur selten gelingt das Foto, wenn man den Blitz benutzt: Nachtaufnahmen verlieren die nächtliche Stimmung; Außenaufnahmen sind überbelichtet, und Innenaufnahmen fehlt der richtige Farbton.

Orientieren Sie sich an folgenden Regeln:
● Verwenden Sie den Blitz so selten wie möglich.
● Schaffen Sie viel natürliches Umgebungslicht.
● Achten Sie auf den Entfernungsbereich des Blitzes. Zu nah ist zu hell und bei zu großer Entfernung verliert sich die Wirkung. Der korrekte Entfernungsbereich lässt sich nicht pauschal nennen, Ihr Kamerahandbuch erteilt Auskunft über die richtige Blitzlichtentfernung.

Die meisten Digitalkameras haben ein eingebautes automatisches Blitzgerät, doch die Blitzleistung solcher Geräte ist gering. Der ideale Einsatzzweck für eingebaute Blitzgeräte ist Gegenlicht und die Schattenaufhellung bei kontrastreichen Beleuchtungsverhältnissen.

Rote Augen vermeiden

Das Blitzlicht führt häufig zu dem berühmten Rote-Augen-Effekt. Vermeiden Sie rote Augen von vornherein, indem Sie die richtige Blitzeinstellung an Ihrer Kamera nutzen. Sie wird mit einem Auge symbolisiert. Bei dieser Einstellung sorgen viele kleine Vorblitze für das Verkleinern der im Dunkeln weit geöffneten Pupillen.

Aufhellen mit Gegenlichtblitz

Mit dem Gegenlichtblitz können Sie Motive hervorheben, die wegen anderer Lichtquellen in Schatten getaucht werden. Solange die Kamera genug Licht registriert, wird der automatische Blitz nicht aktiviert. Wenn also ein Motiv im Vordergrund nicht richtig ausgeleuchtet wird, stellen Sie den Blitz manuell ein. Durch den Blitz wird das Gegenlicht ausgeglichen und die dunklen Bereiche werden aufgehellt.

Bildaufbau

Fragen Sie sich auch, warum Ihre Schnappschüsse häufig danebengehen? Oft liegt es am Licht, aber manchmal stimmt anscheinend alles, und das Motiv verliert sich dennoch im Chaos des Sichtbaren. Denn unser Auge hat ganz bestimmte visuelle und ästhetische Bedürfnisse.

Dass Fotografen manchmal einfach so aus der Hüfte einen beeindruckenden Schnappschuss aufnehmen, hat viel mit Handwerk und Erfahrung zu tun. Gute Fotos erfordern oft viel Geduld, um das richtige Zusammenspiel aus Licht, Motiv, Umgebung und Bewegung zu erhalten.

Motivauswahl: der Blick für das Besondere

Lichten Sie das Chaos und suchen Sie sich aus der Masse an Eindrücken ein schönes Motiv heraus. Die Schönheit liegt häufig im Detail. Gehen Sie nah heran: Nähe schafft Vertrautheit, kann aber auch Fragen aufwerfen, die in den Folgebildern beantwortet werden.

Für Detailbilder bieten viele Kameras einen Makromodus. Damit machen Sie Bilder im sehr nahen oder bereits vergrößernden Bereich.

Tipp: Wenn Sie Makroaufnahmen innen aufnehmen, benutzen Sie eine feste Unterlage oder ein Stativ, um nicht zu verwackeln.

Bildausrichtung und Perspektive

Der Betrachter sucht einen Blickfang, d. h. den Punkt, auf dem der Fokus und die Schärfe liegt.

Versuchen Sie, verschiedene Perspektiven auf Ihr Motiv einzunehmen. Eine interessante Perspektive zeigt Ihr Motiv in seiner Umgebung und verstärkt dadurch die Aussage.

In der Vogelperspektive zeigen Sie Ihr Motiv von oben:

Das schafft Überblick bei weiten Szenarien.

Aus der Froschperspektive betrachten Sie Ihr Motiv von unten:

Das schafft das Gefühl von Erhabenheit und Größe. Die dabei entstehende perspektivische Verzerrung kann bei Architektur einen interessanten Effekt erzeugen.

Porträts fotografiert man am besten auf Augenhöhe – gerade um eine perspektivische Verzerrung zu vermeiden:

Bei einem gelungenen Bildaufbau muss der Fokus nicht zwangsläufig zentral im Vordergrund liegen. Er kann auch den Mittelgrund oder Hintergrund betonen.

Unsere Fantasie wird angeregt, wenn wir das Gefühl haben, um die Ecke zu schauen oder geheimnisvolle Einblicke zu erhalten.

Ein Bild sollte normalerweise Tiefe erhalten. Dies schaffen Sie, indem Sie den Vordergrund, die Mitte und den Hintergrund berücksichtigen und füllen.

Bildaufteilung und Fokussierung

Versuchen Sie das Bild zu dritteln – horizontal wie vertikal. Setzen Sie Ihr Motiv bzw. Ihre Blickfänge auf die Schnittpunkte.

Links sehen Sie ein ebenso klassisches wie auch klassisch aufgenommenes Motiv, das sich über alle drei Bilddrittel erstreckt und diese symmetrisch ausfüllt (das Ernst-Rietschel-Denkmal in Dresden).

Viele Kameras bieten übrigens ein einblendbares Raster, mit dem sich die Bilddrittelung gut durchführen lässt.

Natürlich ist auch die eigene Position wichtig, von der aus Sie das Bild machen. Bewegliche Motive können Sie auch gern etwas zurechtrücken.

Ein spannender Trick ist das Vorfokussieren. Der Autofokus der Kamera befindet sich normalerweise im Zentrum. Sie können aber den Schärfepunkt – also den Fokus – Ihres Bildes, auch an jede andere Position setzen. Nehmen Sie dazu Ihr Motiv ins Visier und fokussieren Sie, indem Sie den Auslöser leicht antippen. Bei einem Porträt fokussieren Sie z. B. aufs Auge. Danach bleibt der Auslöser angetippt und Sie schwenken mit der Kamera weiter, bis sich Ihr Motiv an dem Punkt befindet, den Sie wünschen.

Schärfentiefe (oder Tiefenschärfe)

Als Schärfentiefe – manche sagen auch Tiefenschärfe – bezeichnet man den Bereich vor und hinter der eingestellten Entfernung, der ebenfalls ausreichend scharf wird. Die Schärfentiefe wird vom Blendenring gesteuert: je kleiner die Blende ist, desto größer wird die Schärfentiefe. Der Effekt nimmt umso stärker zu, je kürzer die Brennweite ist: Ein 28mm-Objektiv hat – bei gleicher Fokussierung auf dasselbe Objekt – eine größere Schärfentiefe als ein 300-mm-Objektiv. Oder anders herum: beim gleichen Objektiv und gleicher Blende nimmt die Schärfentiefe ab, je näher Ihr Motiv an die Kamera heranrückt.

Links eine hohe, rechts eine geringe Schärfentiefe.

Eine große Schärfentiefe wird erreicht durch eine
- kurze Brennweite
- kleine Blende
- große Fokussierentfernung

Sie eignet sich insbesondere für Innenaufnahmen, um nahe und weiter entfernte Gegenstände gleichermaßen scharf zu bekommen, und auch Weitwinkelaufnahmen (z. B. Landschaften, Architektur).

Eine kleine Schärfentiefe erzeugt man genau umgekehrt: durch lange Brennweite, große Blende und/oder kleine Fokussierentfernung. Sie dient dazu, bestimmte Details im Bild hervorzuheben: Nur das Detail ist dann scharf, der Rest verschwimmt und wird nicht gleichermaßen wahrgenommen. Personen- und Nahaufnahmen sind für eine kleine Schärfentiefe besonders geeignet.

Selbstauslöser

Das Fotografieren mit Selbstauslöser hat zwei Anwendungsgebiete: erstens für Aufnahmen von sich selbst und zweitens bei Fotos mit langer Belichtungszeit. Positionieren Sie zuerst die Kamera und fokussieren Sie dann auf den Punkt, an dem das Motiv ist bzw. gleich sein wird. Nutzen Sie ein Stativ oder eine stabile Unterlage und aktivieren Sie den Selbstauslöser. Drücken Sie schließlich den Auslöser voll durch und suchen Sie Ihre Position auf, wenn Sie mit auf das Bild wollen. Sie haben ca. 10 Sekunden Zeit.

Aber auch bei einem Foto mit langer Belichtung eignet sich der Selbstauslöser sehr gut, um ein Verwackeln zu vermeiden. Lange Verschlusszeiten führen leicht zu Verwacklungen. Sollte Ihnen ein Stativ fehlen, können Sie es mit einem Autodach oder einem Felsen probieren. Leichte Veränderungen des Winkels nehmen Sie vor, indem Sie z. B. eine Decke oder ein Heft unter die Kamera legen.

Technik

In den folgenden Abschnitten wollen wir uns der Hardware zuwenden, also der Kamera. Welche Typen gibt es? Für welche Anforderungen benötigt man welche Kamera?

Kameratypen

Die meisten Menschen fotografieren heutzutage mit einer Digitalkamera, wobei man natürlich auch eine herkömmliche Kamera benutzen darf. Um allerdings aus den Fotos einer klassischen Kamera eine digitale Photostory zu machen, müssten die resultierenden Fotos erst mithilfe eines Scanners digitalisiert werden.

Denn der wesentliche Vorteil einer Digitalkamera gegenüber einer herkömmlichen Kamera besteht darin, dass bei einer herkömmlichen Kamera ein mechanischer Film eingelegt werden muss, während bei einer Digitalkamera eine Speicherkarte benutzt wird, auf der die Bilder in digitaler Form gespeichert werden.

Die meisten Digitalkameras verfügen über ein großes, gut auflösendes Display, mit dem die Motivsuche und Kontrolle des aufgenommenen Bildes erleichtert wird und das zum Ausprobieren und Experimentieren einlädt.

Natürlich gibt es auch bei Digitalkameras jede Menge Qualitätsunterschiede und entsprechende Preisklassen. Vor der Anschaffung einer neuen Digitalkamera sollten Sie sich über die verschiedenen Kameratypen und Ihre persönlichen fotografischen Ziele im Klaren sein.

Man unterscheidet zwischen kompakten Kameras für Schnappschüsse und alltägliche Fotoaufgaben, Superzoom-Kameras für ambitionierte Hobbyfotografen, die auch im Weitwinkel- oder Telebereich sehr gute Bilder liefern, und Spiegelreflexkameras, die von Profis und Hobbyfotografen mit besonderen Ansprüchen verwendet werden.

Kompaktkamera

Kompaktkameras eignen sich dank ihrer kleinformatigen Bauweise gut für den Alltag und können überall dabei sein.

Sie sind ideal für Schnappschüsse.

Die kompakten Kameras haben fast immer einen separaten optischen Sucher und ein rückseitiges Display, das als Sucher und für Menüeinstellungen dient. Das Display wird häufig mit den Buchstaben LCD – für Liquid Chrystal Display – abgekürzt.

Derzeit übertreffen sich die Hersteller in der qualitativen Verbesserung dieser Displays. Mit einem 2,5 Zoll großen Display und einer Auflösung von 230.000 Bildpunkten sind Sie bereits bestens ausgerüstet.

An einer Kompaktkamera können viele automatische Einstellungen genutzt werden. Sie verfügt meist über ein fest eingebautes 3- oder 4fach-Zoomobjektiv, das in die Kamera versenkbar ist.

Superzoom-Kamera

Superzoom-Kameras liegen qualitativ in der Mitte zwischen einer Kompaktkamera und einer Spiegelreflexkamera. Sie bringen ein festes Objekt mit, das einen großen Zoombereich bietet. Optisch entsprechen die auch Bridgekameras genannten Geräte weitgehend den Spiegelreflexkameras, mit dem Unterschied, dass ihr Objektiv fest eingebaut ist.

Wir listen Ihnen die Vor- und Nachteile einer Superzoomkamera – aus unserer Sicht – auf, um Ihnen eine Entscheidungshilfe zwischen Kompakt-, Superzoom- und Spiegelreflexkamera zu geben:

Vorteile:
- Kompakter und preiswerter als eine Spiegelreflex
- Meist lichtstarkes, gutes Objektiv
- Kein Objektivwechsel nötig
- Sehr gute Zoom-Eigenschaften
- Besonders geeignet für Portrait-, Natur- und Actionbilder

Nachteile:
- Meist keine Einsatzmöglichkeit für Filter (siehe Seite 362)
- Weniger wertstabil als Spiegelreflex
- Kein Objektivwechsel möglich
- Wegen der kleineren Sensorfläche schlechtere Rauscheigenschaften
- Mäßige Weitwinkel-Leistung

Im Vergleich zu einer Kompaktkamera macht die Superzoomkamera bessere Bilder und bietet natürlich einen viel besseren optischen Zoom.

Im Vergleich zu einer Spiegelreflex ist zu bedenken, dass es normalerweise keine Möglichkeit gibt, zusätzliche Objekte oder Filter einzusetzen. Auf der anderen Seite ist es natürlich praktisch, nicht erst lange mit Zubehör herumzuhantieren, sondern wie bei einer Kompakten alles Nötige beisammen zu haben.

Spiegelreflex-Kamera

Digitale Spiegelreflexkameras verfügen neben dem rückseitigen LCD über einen optischen Sucher, der den Blick durch das Objektiv ermöglicht. Damit können Sie genau Ihr späteres Bild sehen.

Alle anderen Lösungen bieten einen Bildausschnitt, der sich (etwas) vom fotografierten Bild unterscheidet.

Eine weitere Besonderheit: Das Objektiv der Spiegelreflexkamera ist auswechselbar. Das heißt, Sie sind nicht an ein Objektiv für alle Fotoaufgaben gebunden, sondern können mit spezialisierten Objektiven alle Ansprüche realisieren.

Bildsensor

Der Bildsensor ist eine mechanische oder elektronische Komponente zur Aufnahme von zweidimensionalen Abbildern aus Licht. In der Digitalfotografie wird die gerundete Gesamtzahl der Bildpunkte in Megapixeln (MP) angegeben – als Anhaltspunkt für die theoretisch erreichbare Auflösung. Anfangs gab es fast nur das Seitenverhältnis 4:3, mittlerweile gibt es auch das 3:2-Format des klassischen Kleinbilds sowie Kameramodelle mit 16:9-Format.

Auflösung

Die Auflösung bestimmt die Größe und Schärfe des Bildes. Der Bildsensor, der für die Aufzeichnung der digitalen Bildpunkte verantwortlich ist, ist je nach Kameratyp unterschiedlich groß. Ein größerer Chip kann mehr Bildpunkte – sogenannte Pixel – erfassen. In einer Kompaktkamera befindet sich entsprechend ein kleinerer Chip als in einer Spiegelreflexkamera. Dennoch gibt es viele Kompaktkameras mit hohen Megapixel-Zahlen.

Doch braucht man diese überhaupt? Das Motto „Viel hilft viel" ist hier sicher nur teilweise richtig. Die Megapixel-Anzahl gibt erst einmal nur an, wie viele Pixel eine Kamera bei einem Bild maximal aufnehmen kann. Bei 6 Megapixeln, einer relativ kleinen Auflösung, sind das z. B. 6 Millionen Pixel (Mega steht für Million). Das wären z. B. bei einem 2:3-Bildverhältnis 2000x3000 Pixel. Die höchste Druckauflösung, die Sie verwenden sollten sind 300 dpi, da die meisten Menschen bei einer höheren Auflösung keinen Unterschied sehen würden. Dpi steht dabei für „Dots per Inch" also „Punkte pro Zoll". Ein Zoll ist etwa 2,5cm lang, d. h. ein 6 MP-Bild hätte bei 300 dpi eine Größe von 16,6x25cm. Wollen Sie ein Bild lediglich an die Wand hängen, werden also die Betrachter das Bild aus einiger Entfernung sehen, reichen sogar 180 dpi. Es könnte also eine Größe von etwa 28 x 42cm haben. Im Internet reichen sogar

96 dpi, da Computerbildschirme keine höhere Auflösung zulassen. Sie sehen also, dass Sie in den seltensten Fällen die volle Auflösung Ihrer Kamera ausnutzen müssen.

Im Übrigen gibt es viele Grafikbearbeitungsprogramme, so z. B. auch der MAGIX Foto & Grafik Designer, die Sie die Auflösung in dpi unabhängig von der Pixelanzahl des Ursprungsbildes einstellen lassen. Das Programm rechnet dann „fehlende" Pixel selbst hinzu. Dieses „Interpolation" genannte Verfahren ist zwar nicht die beste Art, liefert aber meistens auch sehr gute Ergebnisse.

Die Pixelanzahl alleine macht aber noch keine gute Kamera aus. Wichtiger als die Pixelzahl ist ein Qualitätsobjektiv und die Verfügbarkeit eines optischen Zooms. Achten Sie daher auf die Angabe der effektiven Megapixelzahl. Ob Sie eine gute Kamera vor sich haben oder nicht, entscheidet oft das Objektiv und die Abstimmung aller Einzelteile untereinander.

Bildrauschen

Als Bildrauschen bezeichnet man die Verschlechterung eines digitalen bzw. elektronisch aufgenommenen Bildes durch Störungen, die keinen Bezug zum eigentlichen Bildinhalt, dem Bildsignal, haben. Die störenden Pixel weichen in Farbe und Helligkeit von denen des eigentlichen Bildes ab.

Der Umfang des Bildrauschens ist in erster Linie von der Qualität der Digitalkamera abhängig. Entscheidenden Einfluss hat die Größe der einzelnen Pixel. Bei gleicher Bildauflösung hat ein kleiner Sensor im Allgemeinen ein höheres Rauschen als ein großer Sensor. Weiterhin hat die Qualität der analogen Signalverarbeitung und der Analog-Digital-Wandlung sowie die eingestellte ISO-Empfindlichkeit Einfluss auf die Bildqualität.

Während Sensortechnik und Signalverarbeitung von der Kamera vorgegeben sind, kann der ISO-Wert vom Fotografen beeinflusst werden. Eine Erhöhung bedeutet eine Verstärkung der Signale des Aufnahmesensors, wobei die Störungen in gleichem Maße mitverstärkt werden.

Gut sichtbar wird das Bildrauschen in gleichförmigen Bildbereichen, besonders in dunklen oder blauen Bereichen. Unterbelichtete, nachträglich am Computer aufgehellte Aufnahmen rauschen normalerweise stärker als richtig belichtete Bilder.

Formatfaktor (Kleinbildäquivalent)

Die Sensoren der meisten Digitalkameras sind kleiner als das Kleinbildnegativ. Der Wert des Formatfaktors drückt dieses Verhältnis aus. Er errechnet sich aus dem Größenverhältnis zwischen dem Bildsensor und einem 35-Millimeter-Sensor, auch Vollformatsensor genannt. Bei Kompaktkameras ist Formatfaktor 4-7 üblich, bei digitalen Spiegelreflexkameras 1-1,7. Nicht ganz korrekt wird der Formatfaktor (Crop-Faktor) oft als „Brennweitenverlängerung" bezeichnet. Durch die verglichen mit dem Kleinbildformat in der Regel kleinere Sensorfläche ändert sich der Bildwinkel und damit auch die Schärfentiefe eines Objektivs.

Speicherkarten

Das Standard-Speichermedium bei aktuellen digitalen Kameras ist die SD- bzw. SDHC-Karte. Diese wird von nahezu allen Modellen unterstützt. Gerade bei Modellen, die schon länger auf dem Markt sind, können aber auch CompactFlash-Karten oder Memory Sticks (nur Sony und HP) verwendet werden.

Auch Olympus und Fujifilm hatten lange Zeit ein eigenes Speicherkartenformat, die xD Picture Card, benutzen heutzutage aber nur noch SD. Achten Sie trotzdem bei einer Neuanschaffung auf die herstellerabhängigen Kartenformate.

Wenn Sie viel fotografieren und dabei gute Qualität durch eine hohe Bildauflösung erzielen wollen, brauchen Sie ausreichenden Speicher. Eine Speicherkarte mit 8 Gigabyte Speicherplatz vermag ca. 2400 Fotos in hoher Auflösung von 6 Megapixeln aufzunehmen.

Tipp: Achten Sie auch auf die Lese- und Schreibgeschwindigkeit von Speicherkarten. Gerade bei Kameras, die mit einer hohen Megapixel-Zahl fotografieren, lohnt sich die Anschaffung einer etwas teureren Highspeed-Speicherkarte, die Übertragungsraten von 20 MB/Sekunde erreicht. Damit müssen Sie selbst bei hohen Auflösungen nicht lange auf den nächsten Schnappschuss warten.

Objektive

Wenn Sie eine Kompakt- oder Superzoom-Kamera haben, müssen Sie mit dem Objektiv leben, das die Kamera mitbringt. Anders bei einer Spiegelreflexkamera: Hier können Sie verschiedene Objekte nutzen.

Ein Objektiv ist ein Licht sammelndes, optisches System, das eine Abbildung erzeugt. Das Hauptmerkmal eines Objektivs ist die Brennweite, die für einen gegebenen Objektabstand den Abbildungsmaßstab bestimmt.

Brennweite

Was die Brennweite eigentlich ist, lässt sich durch ein kleines Experiment anschaulich demonstrieren. Wir brauchen dazu nur eine Lupe, ein Zentimetermaß sowie gutes Wetter mit Sonnenschein. Die Lupe halten wir mit der einen Hand über den Rücken der anderen Hand, und zwar in Richtung Sonne. Den Abstand verändern wir ein bisschen – und plötzlich brennt es auf dem Handrücken; kleine Rauchwölkchen steigen auf; es zischt. Jetzt ganz stillhalten und in aller Ruhe den Abstand zwischen Handrücken und Lupe ausmessen! Das ist die Brennweite.

Festbrennweite

Mit einer sehr langen Brennweite kann man z. B. einen über das Feld hoppelnden Hasen so fotografieren, dass er fast das ganze Foto ausfüllt. Nehmen wir stattdessen eine sehr kurze Brennweite, dann haben wir zwar das Feld formatfüllend auf dem Foto (und auch noch das Gebirge im Hintergrund), aber der Hase ist bestenfalls noch als braunes Pünktchen zu sehen.

Objektive mit kurzen Brennweiten bezeichnet man als Weitwinkel-Objektive, da der erfasste Bildwinkel groß ist. Weitwinkel gibt es handelsüblich mit Brennweiten von 35mm (leichtes Weitwinkel), 28mm (sozusagen das Standard-Weitwinkel), 24mm (stärkeres Weitwinkel), 20mm und darunter (Superweitwinkel).

Objektive mit langen Brennweiten nennt man Teleobjektive.

Auch bei den längeren Brennweiten haben sich bestimmte Werte eingebürgert: Kurze Teleobjektive haben oft 85mm oder 100mm

Es gibt aber auch Brennweiten von 300mm, 400mm, 500mm usw. Diese Superteleobjektive sind meist ein bisschen sperrig und schwer.

In der Mitte dazwischen ist das Normalobjektiv angesiedelt, mit einem Bildwinkel von ca. 45 Grad. Bei Kleinbildkameras hat das Normalobjektiv eine Brennweite von 50mm.

Zoom-Objektive

Bisher war von Festbrennweiten die Rede, also von Objektiven, die eine feste Brennweite haben, an der nichts zu verändern ist.

Aber seit langem gibt es auch Zoom-Objektive, d. h. Objektive, deren Brennweite veränderlich ist.

Die Brennweite lässt sich dann innerhalb eines bestimmten Bereichs, z. B. 35–70mm, 80–200mm, 18–35mm, variabel verstellen.

Analog zu den Festbrennweiten spricht man von einem Normal-Zoom (35–70mm, um die Normalbrennweite 50mm), einem Telezoom (80–200mm, d. h. kurze bis mittlere Telebrennweite) und einem Weitwinkel-Zoom (18–35mm).

Neben dem optischen Zoom durch das Objektiv gibt es auch den digitalen Zoom, der bei vielen Kameras ein Vielfaches des optischen Zooms ermöglicht. Der Unterschied: Mit einem optischen Zoom holen Sie Ihr Motiv näher heran, ohne auch nur den geringsten Pixel zu verlieren. Ob Kirche oder Kirchenuhr – das Foto hat die gleiche Megapixelanzahl.

Anders der digitale Zoom: Wenn Sie Ihr Motiv um ein Dreifaches heranzoomen, verliert es auch das Dreifache an Bildauflösung. Mit einem digitalen Zoom erfassen Sie einen geringeren Bildausschnitt und erzeugen dadurch ein komprimiertes Bild mit weniger Speicherplatzbedarf.

Einen digitalen Zoom können Sie problemlos auch später am Computer per Bildbearbeitungsprogramm durchführen. Deshalb ist dieser Wert für die Qualität der Kamera weitgehend uninteressant. Beim optischen Zoom bleibt die Bildauflösung erhalten, es kann später zusätzlich noch digital weitergezoomt werden.

Fazit: Von einem guten optischen Zoom haben Sie viel. Den digitalen Zoom können Sie im Grunde vergessen.

Makro-Objektive

Im Gegensatz zu Normalobjektiven sind Spezialobjektive für einen bestimmten Anwendungsfall bestimmt. Wir möchten Ihnen zwei davon vorstellen: Makro-Objektive und Fischaugen-Objektive.

Soll eine Makro-Aufnahme (siehe Seite 370) besonders gut gelingen und ist eine Spiegelreflexkamera mit austauschbarem Objektiv vorhanden, empfiehlt sich die Anschaffung eines Makro-Objektivs. Das Besondere an diesen Objektiven ist, dass sie einen wesentlich höheren Abbildungsmaßstab erreichen als herkömmliche Objektive. Deren Abbildungsmaßstab liegt meistens im Verhältnis 1:7 bzw. 1:9, d. h. dass ein Objekt auf dem Film/Sensor ein Siebtel bzw. ein Neuntel seiner Originalgröße hat. Durch Makro-Objektive kann der Maßstab auf bis zu 1:1 erhöht werden. Ein Objekt ist dann auf dem Film/Sensor genauso groß wie im Original.

Die Brennweite (siehe Seite 357) von Makro-Objektiven liegt meistens zwischen 50 und 100mm, gelegentlich auch höher. Achten Sie beim Kauf auf den maximalen Abbildungsmaßstab.

Es gibt einen wichtigen Unterschied zwischen echten Makro-Objektiven und einem Zoom-Objektiv, das Objekte nicht nur 1:1, sondern sogar um ein Vielfaches ihrer Größe vergrößern kann: Bei einem Makro-Objektiv vermeiden Sie unschöne Bildfehler.

Fischauge (Fisheye)

Wenn man durch ein Fischaugen-Objektiv (der englische Begriff „Fisheye" ist ebenfalls gebräuchlich) schaut, sieht man sein Motiv kreisförmig verzerrt. Dabei wird die Bildmitte meistens korrekt dargestellt und nach außen hin nimmt die Verzerrung immer stärker zu.

Beim Fotografieren mit einem Fischaugen-Objektiv ist es empfehlenswert, einen bestimmten Punkt als Zentrum direkt in der Bildmitte anzuvisieren, um den herum sich die Fischaugen-Verzerrung aufbaut.

Einen ähnlichen Effekt können Sie in MAGIX Photostory Deluxe auch über den Verzerrungsfilter FISHEYE (siehe Seite 141) nachträglich erreichen.

Mit einem Fischaugen-Objektiv lässt sich ein hoher Winkel ablichten (bis zu 180 Grad).

Nützliches Zubehör

Neben der Kamera und den Objektiven gibt es noch weitere Ausrüstung, die gerade bei höheren Ansprüchen sinnvoll ist.

Stative

Stative dienen dazu, die Kamera zu stabilisieren, um Verwacklungen zu verhindern, oder eine bestimmte Aufnahmeposition festzuzurren.

Sie könnten z. B. ein Stativ auf Ihrem Balkon aufstellen und jeden Tag zur gleichen Tageszeit ein Bild machen. Nach einem Jahr könnten Sie daraus eine Photostory machen, die den Ablauf der Jahreszeiten und die Entwicklung Ihrer Nachbarschaft wiedergibt. Natürlich darf dabei die Position des Stativs und der Kamera nicht verändert werden.

Stative dienen auch zur Stabilisierung, wenn Fotos mit langen Brennweiten (siehe Seite 357) geschossen werden sollen (z. B. während der Dämmerung oder nachts).

Zudem kann ein Stativ sehr gut bei der Aufnahme von Panoramen unterstützen, da man so die Höhe der Kamera feststellen kann und diese nur um die waagerechte Achse des Stativs drehen muss, um aneinander montierbare Bilder zu bekommen (siehe Seite 259).

Am weitesten verbreitet sind die **Dreibeinstative,** häufig aus Aluminium, damit sie leicht zu transportieren sind. Je nach Bauart sind die Beine verlängerbar und der Stativkopf (der Aufsatz, auf dem die Kamera sitzt) schwenkbar.

Als Alternative dazu gibt es auch **Tischstative**, die wesentlich kleiner sind und in der Regel auf einer Erhöhung wie einem Tisch platziert werden müssen.

Tipp: Tischstative können vor allem in Situationen, in denen ein normales Stativ zu umständlich wäre, weiterhelfen. Stützen Sie es einfach an einer Wand oder festen Gegenständen in Ihrer Nähe ab.

Filter

Mittlerweile wird eine große Vielzahl von Aufnahmefiltern angeboten, die vor das Objektiv geschraubt werden, um bestimmte Effekte zu bewirken.

Polarisationsfilter: Der bekannteste und wichtigste Filter dürfte der Polarisationsfilter sein. Das ist ein farbneutrales dunkles Glas, das vor allem das Blau des Himmels verdunkelt und intensiviert, aber auch andere Farben. Dabei wird der polarisierte Lichtanteil gesperrt, so dass der Himmel „blauer" wirkt. In Kombination mit einer Spiegelreflexkamera bewirkt er eher unwahre blaue Wunder.

Auch unerwünschte Reflexe werden dabei beseitigt. Der Polfilter macht sich neben Landschaftsaufnahmen auch gut beim Fotografieren von Technik (Flugzeuge, Autos, Motorräder und andere Chrom- und Stahlkolosse): An Stellen, wo der Lack durch die Sonneneinstrahlung heller wirkt, wirkt die Farbe satter. Polfilter werden meistens im 45-Grad-Winkel gegen die Sonne eingesetzt.

UV-Filter: Solche Filter haben eigentlich die Aufgabe, die unsichtbaren ultravioletten Lichtfrequenzen abzublocken, welche zu Unschärfen und Blaustichen führen. Allerdings blockieren die Objektivlinsen diese Lichtfrequenzen schon selber, so dass ein UV-Filter oft schlicht nur als Objektivschutz gegen Meerwasser oder äußerliche Beschädigungen eingesetzt wird. Er ist auch empfehlenswert, um Spiegelungen auf der Linse bei Gegenlicht auszuschalten. Dazu sollten Sie allerdings einen möglichst hochwertigen, gut entspiegelten Filter verwenden.

Skylight-Filter: Dieser Filter sorgt für eine geringfügig wärmere, d. h. rötliche Farbgebung. Er sperrt ebenfalls UV-Licht und wird wie dieser als Objektivschutz eingesetzt. Die Brauntöne bei Portraits und Landschaften werden etwas wärmer wiedergegeben.

Effektfilter: Daneben gibt es noch viele Farb- und Effektfilter, mit denen man bestimmte Effekte – meist Farbeffekte – erzielt. Von der Verwendung solcher Filter raten wir ab; Sie sollten lieber neutrales Material erzeugen und dieses dann bei Bedarf am Computer nachbearbeiten.

Streulichtblenden
Eine Streulichtblende soll verhindern, dass seitlich einfallendes Licht an Linsen oder Fassungsteilen reflektiert wird.

Dies kann zu erheblichen Beeinträchtigungen des Bildes etwa durch optische Überlagerungen in Form von Kreisen oder Ringen im Bild führen. Außerdem wird das Bild durch Streulicht matt und kontrastarm.

Für nahezu alle Foto-Objektive gibt es passende Streulichtblenden als separates Zubehör aus Gummi, Metall oder Kunststoff, die einfach aufgesteckt oder aufgeschraubt werden. Viele Zoom- und Teleobjektive sind aber auch bereits mit ausziehbaren Streulichtblenden ausgestattet.

Digitale Speichermedien
Grundsätzlich sollten Sie immer darauf achten, dass genug Speicherplatz auf Ihrer Kamera frei ist. Vor Reisen sollten Sie daher alle Bilder auf die Festplatte Ihres Computers übertragen und mit einer leeren Kamera losziehen. Es empfiehlt sich jedoch auf jeden Fall, gerade bei längeren Reisen mehrere Speicherkarten (siehe Seite 356) mitzunehmen.

Genauso sinnvoll ist es natürlich, falls vorhanden, einen Laptop einzupacken, auf dem jeden Abend die geschossenen Bilder archiviert und vorsortiert werden können. Ist dessen Festplatte nicht besonders groß, sollten Sie auch ein paar DVD-Rs zum Brennen der Bilder dabei haben. Dann kann Ihnen und Ihren Bildern eigentlich nichts mehr im Wege stehen.

Aufnahmeformat

Ihre Digitalkamera bietet Ihnen verschiedene Aufnahmeformate an, üblicherweise JPEG, außerdem TIFF und gelegentlich RAW als verlustfreie Formate. JPEG ist ein verlustbehaftetes Komprimierungsformat. Dennoch, in den meisten Fällen ist es das adäquate und ausreichende Format für Ihre Bilder, wenn Sie sie im 9er (9 x 12) oder 10er Format (10 x 13) ausdrucken oder zu Photostories zusammenstellen wollen.

Im TIFF- oder RAW-Format sollten Sie nur dann fotografieren, wenn Sie Makroaufnahmen machen oder wenn Sie vorhaben, Bilder mit sehr großen

Abmessungen auszudrucken. TIFF und RAW benötigen viel Speicherplatz, sowohl auf der Speicherkarte der Digitalkamera als auch auf dem Computer während der Bildbearbeitung

Motive & Anregungen

Was könnte alles zum Thema einer Fotosafari und – daran anschließend – einer Photostory werden?

Eigentlich alles, was Sie so interessiert: Urlaub, Natur, Portraits, Freunde & Familie, Reisen, Familienfeiern, Hochzeiten, Sportfeste, Schwarzweiß-Fotografie…

Hier ein paar Anregungen und Vorschläge zu verschiedenen Themenbereichen.

Urlaub

Der eigene Urlaub ist sicherlich das häufigste Thema für Photostories. Kein Wunder – manchmal erlebt man in zwei Wochen Urlaub mehr als im kompletten restlichen Jahr. Neben interessanten Motiven bietet der Urlaub auch eine natürliche Dramaturgie, die sich aus dem Verlauf der Reise ergibt: Anreise, erste Tage, Urlaubsalltag, Ausflüge, letzte Tage, Abreise.

Highlights: Natürlich will man in seiner Photostory auf die üblichen Highlights nicht verzichten. Insofern kommt man an ein paar Bildern zu den allseits bekannten Monumenten des Urlaubsziels wohl nicht vorbei. Am besten mit sich selber oder einem Mitreisenden im Vordergrund – zum Beweis, dass man auch wirklich da gewesen ist.

Sinn für das Alltägliche: Sie sollten sich überlegen, was Sie ablichten können, das noch nicht so oft auf Fotos erschienen ist und insofern auch noch nicht so „totfotografiert" wirkt. Nehmen Sie Details und Nebensächlichkeiten aus dem

Urlaubsalltag auf: den Blick aus dem Fenster, eine belebte Einkaufsstraße, fliegende Händler mit bunten Warenkörben, Essensstände, Garküchen, die Leute auf dem Markt…

Viele Schnappschüsse: Suchen Sie nicht nach dem „großen" Motiv – knipsen Sie am besten alles, was Ihnen so vor die Linse kommt. Wenn Sie Speicherplatzprobleme haben, können Sie ja an jedem Abend Ihre Ausbeute sichten und alles Überflüssige direkt löschen.

Unauffällig bleiben: Respektieren Sie die Gefühle, Sitten und Gebräuche Ihres Gastlandes. Kleiden Sie sich wie die Einheimischen, dann fallen Sie beim Fotografieren nicht so auf, was nicht zuletzt Ihre Fotoarbeit erleichtert. In manchen Kulturen ist das Fotografieren von fremden Personen grundsätzlich nicht gern gesehen. Informieren Sie sich also über Ihr Gastland, bevor Sie auf Fotopirsch gehen.

Regenbilder: Lassen Sie sich von Regentagen nicht abschrecken. Ein Bild durch eine verregnete Fensterscheibe kann sehr reizvolle Muster erzeugen und in schönem Kontrast zu den üblichen ewig sonnigen Urlaubsbildern stehen. Auch an nebligen Tagen lassen sich sehr stimmungsvolle Bilder machen.

Gepäck, Reisevehikel, Mitreisende: Nicht nur das Urlaubsziel, auch der Urlauber und alles, was er mitbringt, ist es wert, fotografiert zu werden. Also auch z. B. die Mitreisenden im Überlandbus oder das Auto, wenn Sie mit einem Auto unterwegs sind, und alle anderen Dinge, die Sie so mit sich führen. Daraus lässt sich eine interessante Beziehung zwischen Betrachter und Betrachtetem inszenieren.

Aus voller Fahrt: Aus einem fahrenden Auto, Bus oder Zug oder fliegendem Flugzeug lassen sich nur schwer qualitativ hochwertige Fotos schießen. Lassen Sie sich davon aber nicht abhalten. An- und Abreise sowie Ausflüge gehören untrennbar zu einem Urlaub jenseits von Balkonien dazu. Die besten Ergebnisse erhalten Sie hier oft mit einem Weitwinkelobjektiv. Nützlich ist auch ein Objektiv mit einem optischen Bildstabilisator, wie er bei Superzoom-Kameras üblich ist.

Und überhaupt:

Unscharfe oder verwackelte Aufnahmen: Nicht jedes Foto muss scharf und klar sein. Im Gegenteil: verwackelte, unscharfe Fotos können die erlebte Situation oft viel authentischer abbilden als „saubere" Hochglanzbilder. Und genau darum sollte es Ihnen gehen: authentische Bilder, aus denen Sie auch noch nach Jahren genau wiedererkennen, wie Sie sich in der Situation gefühlt haben. Und mit Ihnen auch jeder andere Betrachter.

Hier ein Beispiel, wie partielle Unschärfe Dynamik ins Bild bringt.

Die Suche nach dem eigenen Standpunkt: Als Fotograf benötigt man einen Standpunkt, der normalerweise nicht der ist, den „die anderen" einnehmen – denn die sollen ja aufs Bild. Suchen Sie sich also rechtzeitig einen geeigneten, möglichst etwas erhöhten Platz, von dem aus Sie genügend Übersicht über das Geschehen haben.

Partys & Familienfeiern

Partys und Familienfeiern sind natürlich auch ein ausgezeichnetes Thema für Photostories.

Mit den Gästen gibt es von vornherein ein interessiertes Publikum, das sich die spätere Photostory bestimmt gerne anschauen möchte.

Und eine natürliche Dramaturgie ist ebenfalls bereits vorhanden: der Ablauf der Feierlichkeiten.

Hauptmotive: An den üblichen Hauptmotiven einer Familienfeier führt kein Weg vorbei. Bei einer Hochzeit oder einem Geburtstag müssen die Hauptdarsteller natürlich in allen erdenklichen Variationen abgebildet werden, dabei ins beste Licht gerückt und mit möglichst vorteilhafter Mimik und Körperhaltung – vorzugsweise von unten.

Details: Großaufnahmen von den Details machen sich immer gut: der Ort des Geschehens aus verschiedenen Perspektiven, der Brautstrauß, der Ehering, die Hochzeits- oder Geburtstagstorte, die Beglückwünschenden, das Essen und die Getränke…

Ist ein Kind unterwegs? Dann machen Sie doch eine Aufnahme von dem schwangeren Bauch der Braut.

Gäste: Vergessen Sie die anderen Gäste nicht! Am besten besorgen Sie sich rechtzeitig eine Gästeliste und achten darauf, dass Sie auch wirklich jeden Gast „erwischen" – nicht nur, um ihm die Ehre zu erweisen, dabei zu sein, sondern auch einfach zu Dokumentationszwecken und der Vollständigkeit halber. Nicht zuletzt das Brautpaar bzw. der Jubilar wird es Ihnen danken.

Gruppenbild: Wenn es möglich ist, rufen Sie alle Gäste rechtzeitig zu einem Gesamtbild zusammen. Rechtzeitig heißt hier: bevor die eigentliche Feier losgegangen ist, denn nachher sind manche Gäste erfahrungsgemäß nur schwer zu disziplinieren. Treffen Sie alle nötigen Vorbereitungen vorab: Auswahl des Aufnahmeortes und Hintergrundes, Organisation einer Stuhlreihe u. ä.

Programmpunkte vollständig dokumentieren: Ebenfalls nicht fehlen darf die fotografische Dokumentation des Programms, das abgefeiert wird (falls es ein solches gibt). Sehen Sie also zu, dass Sie keinen Programmpunkt verpassen, und halten Sie sich deshalb an der Bar etwas zurück.

Direktpräsentation: Sie – als offizieller Fotograf der Feierlichkeiten – könnten zu späterer Stunde zu einer Schnellpräsentation der fotografischen Ausbeute laden. Die Digitalfotografie hat ja den Vorteil, dass ihre Ergebnisse unmittelbar und direkt zur Verfügung stehen. Sie könnten sich also z. B. im Vorfeld einen Beamer besorgen und kurz vor dem Ende der Feier – als letzten, diesmal allerdings fotografisch undokumentierten Programmpunkt – Ihre Ausbeute einer interessierten Gästeschar vorführen.

Dokumentarfotografie

Auch zu Dokumentationszwecken kann eine Photostory eingesetzt werden, z. B.
ganz prosaisch, um die Fortschritte an einem Bauprojekt zu dokumentieren. Denkbar
sind auch Reportagen über bestimmte Berufe, Naturphänomene oder interessante
Persönlichkeiten aus dem Freundes- oder Familienkreis.

Schwenkbare Objektive und LCD-Monitore: Solche Hilfsmittel ermöglichen Ihnen
das Fotografieren aus schwierigen Positionen, z. B. indem Sie in einer
Menschenmenge die Kamera hoch über Ihren Kopf halten und mit geschwenktem
Monitor das Bild bestimmen.

Keine nachträgliche Manipulation: Wenn Sie wirklich dokumentarische Zwecke
verfolgen, verbietet sich selbstverständlich der Einsatz von Spezialeffekten wie
„Objekte entfernen" (siehe Seite 257).

Akku schonen: Einige Digitalkameras haben den Nachteil, dass ihr Akku relativ
schnell zur Neige geht. Und gerade als Dokumentarfotograf müssen Sie sich – je
nach Thema – auf lange Wartezeiten einstellen, denn nicht immer ist das Objekt
Ihrer Begierde präsent. Besorgen Sie sich also einen Ersatzakku und schalten Sie die
Kamera in Wartezeiten aus.

Bildfreigabe: Normalerweise müssen Sie die Personen, die Sie ablichten, nicht um
eine Genehmigung bitten, um das Bild im Rahmen einer privaten Photostory zu
verwenden. Wenn Sie aber eine kommerzielle Nutzung planen, ist das anders. Dann
sollten Sie sich absichern, damit die Person nicht später irgendwelche rechtlichen
Forderungen stellen kann. Führen Sie also im Zweifelsfall einen Stapel
Erklärungszettel mit sich und bitten Sie den Fotografierten, eine solche Erklärung zu
unterschreiben. Die Erklärung sollte das Entstehungsdatum, den Entstehungsort, die

Kontaktadressen des Erklärenden und des Fotografen sowie die Unterschriften beider Personen beinhalten.

Die kleinen Dinge: Makrofotografie

Unter Makrofotografie versteht man Aufnahmen von kleinen Objekten, die durch besonders nahes Heranzoomen oder -gehen wesentlich größer erscheinen, als sie sind. Besitzer von Digitalkameras mit Autofokus-Funktion können dies je nach Kamera schnell ausprobieren. Gehen Sie einfach nah an ein Objekt, z. B. einen Stift auf Ihrem Schreibtisch, heran und warten Sie, bis Ihre Kamera sich scharf gestellt hat. Machen Sie dann das Foto und Sie sehen, wie selbst ein kleines Objekt schnell sehr groß wirken kann.

Doch Makrofotografie kann auch wunderbar in der Natur eingesetzt werden. Seien es winzig kleine Käfer oder die Blüten einer Blume. Alles wirkt ganz anders, wenn man sich nur nah genug heranwagt.

Wenn man Makrofotografie sagt, spricht man meistens von Abständen unter 12 Zentimetern, manchmal sogar nur 5–6 Zentimetern.

Hier nun ein paar Tipps, wie Sie Ihre Makrofotos optimal aufnehmen:

- **Stative** (siehe Seite 361) sind gerade bei der Makrofotografie ein wertvoller Helfer. Je kleiner das abgebildete Objekt ist, desto weniger verzeiht es einen Wackler.
- **Bewegliche Objekte meiden:** Aus demselben Grund sollten Sie auch nur Objekte fotografieren, die sich nicht schnell bewegen. Ansonsten verwischen Details zu schnell.
- **Spezialobjektive nutzen:** Die besten Ergebnisse erzielen Sie natürlich mit einer Spiegelreflexkamera, bei der Sie ein Objektiv, das speziell für Nahbereichsaufnahmen geeignet ist (siehe Seite 359), anbringen können.

- **Kleine Schärfentiefe:** Doch auch wenn Sie keine Spiegelreflexkamera besitzen, können Sie über die Schärfentiefe (siehe Seite 350) Ihrer Kamera viel erreichen. Versuchen Sie immer, das wichtigste Detail des Bildes scharf zu stellen.
- **Makro-Modus:** Vielleicht verfügt Ihre Kamera auch über einen Makro-Modus. Diesen finden Sie meistens hinter einem Blumen-Symbol. Wechseln Sie in diesen Modus, um optimale Makro-Aufnahmen zu machen.
- **Blitz vermeiden:** Gerade bei nahen Objekten erfüllt der automatische Blitz oft nicht den Sinn, den er erfüllen sollte, da er zu stark reflektiert wird. Die Folge sind unschöne Überbelichtungen. Zudem besteht die Gefahr, wenn Sie z. B. Tiere von Nahem fotografieren, dass Sie sie verschrecken und keine zweite Chance auf ein Bild bekommen.

Architektur

Die Welt der Architektur bietet geeignete Motive aller Art in Hülle & Fülle.

Hier sehen Sie das Château Frontenac in Québec, Kanada. Es ließe sich gut mit anderen Hotelaufnahmen zu einer interessanten Photostory zum Thema Luxushotels kombinieren.

Themenfindung: Grenzen Sie Ihr Thema ein. Wenn Sie z. B. eine Photostory zum Thema „Türme" machen wollen, kombinieren Sie dazu verschiedene Arten von Türmen, die Sie in Ihrem Fotoarchiv finden: moderne Hochhaustürme, zusammen mit alten Minaretten oder Leuchttürmen. Versuchen Sie, die Erwartungen der Zuschauer zu brechen, indem Sie z. B. turmähnliche Felsformationen miteinbeziehen und so reizvolle Zusammenhänge zwischen Natur und Kultur erzeugen.

Panoramafunktion: Auch im Architekturbereich ist die Verwendung der Panoramafunktion (siehe Seite 259) ein guter Tipp. Sie können weite Häuserfronten nacheinander fotografieren und später per Panoramafunktion zusammenmontieren. Auch Innenansichten können zu endlosen Panoramen zusammengebastelt werden.

Architektur eignet sich deshalb so gut für Panoramen, weil sie meist regelmäßige Formen und Strukturen aufweist, die man gut in einzelne Bildausschnitte aufteilen und später zu einem eindrucksvollen Gesamtbild zusammenmontieren kann. Versieht man das dann noch mit einem Bewegungseffekt, lässt sich z. B. eine komplette Häuserfront regelrecht abfilmen (siehe Seite 152).

Perspektive: Gerade Bauwerke sehen immer anders aus, je nachdem welche Perspektive man einnimmt. Machen Sie also viele Fotos und suchen Sie dabei nach ausgefallenen Perspektiven, so dass das Bauwerk immer neu dargestellt wird.

Natürliche Spiegel: Wenn Bauwerke an einer Wasserfläche stehen, machen Sie sich diese natürliche Motivspiegelung und -verfremdung zunutze. Suchen und nutzen Sie Spiegeleffekte.

Licht & Schatten: Bauwerke haben meist klare Konturen und Linien. Bei hartem Sonnenlicht ergeben sich daraus entsprechend scharfe Konturen. Nutzen Sie die reizvollen Kontraste, die das Licht- und Schattenspiel erzeugen.

Weitwinkel & Details: Ein Weitwinkelobjektiv eignet sich gut, um möglichst viel von einer breiten Fassade aufs Bild zu bekommen. Bei einer Photostory ist es empfehlenswert, Weitwinkelaufnahmen einer Totalen mit daran anschließenden Detailaufnahmen zu kombinieren.

Abstrakte Fotos

Fotos sind eigentlich immer „konkret": Sie lichten einen speziellen Gegenstand ab. Je nach Bildausschnitt kann trotzdem der Eindruck eines abstrakten Bildes entstehen. Solche Bilder lösen beim Betrachter nicht sofort eine Vorstellung aus, „was" gezeigt wird, sondern sie ziehen den Blick auf etwas Anderes: die Farben, die Strukturen und Muster.

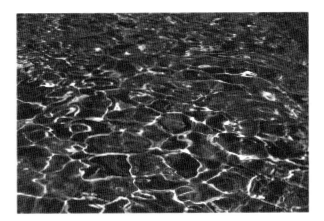

Dieses Bild ist eine Schwarzweiß-Aufnahme von reflektierendem Wasser.

Abstraktion durch Nahaufnahme: Am einfachsten entstehen abstrakte Fotos, indem Sie mit der Kamera so nah an Ihr Motiv herangehen, dass von den äußeren Begrenzungen des Motivs nichts mehr im Bildausschnitt verbleibt. Dabei braucht man keine Schärfentiefe, denn das Motiv wird ja zweidimensional abgelichtet. Fotografieren Sie Ihr Motiv am besten frontal.

Abstraktion durch Vergrößerung: Alternativ zum direkt fotografierten Ausschnitt bietet es sich an, später am PC einen Bildausschnitt aus einem größeren Foto zu wählen. Je kleiner der Bildausschnitt sein soll, desto höher muss natürlich die Auflösung sein, die das Originalfoto mitbringt, damit das Ergebnis nicht zu pixelig wird.

Abstraktion schrittweise auflösen: Abstrakte Bilder können sehr reizvoll mit konkreten – normalen – Fotos kombiniert werden: ein abstraktes Bild am Anfang, das Fragen aufwirft, und danach dann ein Bild, das die Fragen beantwortet, indem sie das Detail in seinem Zusammenhang zeigt. Beispielsweise eine Holzfläche mit abgeblätterter Farbe als abstraktes Bild, danach ein Bild von der Tür, die diese Fläche beinhaltet, und schließlich erst das komplette Bauwerk, um das es eigentlich geht und in dem die Tür ein Detail bildet.

Auf diese Weise lassen sich z. B. auch Mosaiken und Wandbilder interessant präsentieren:

Sie starten – wie in diesem Beispiel eines real existierenden Wandbildes aus Dresden – mit einem abstrakt vergrößerten Ausschnitt und zeigen danach in mehreren Schritten das komplette Bild:

Auf diese Weise führen Sie Ihre Zuschauer schrittweise vom Rätsel eines abstrakten Eingangsbildes zur Lösung in der Gesamtansicht und erweitern dabei buchstäblich die Horizonte.

Weitere Tipps & Tricks

Urheberrecht: Das Urheberrecht oder Copyright ist eine juristische Konstruktion, die mittlerweile die ganze Welt durchzieht. Es gibt eigentlich nichts, das nicht vom Urheberrecht irgendeines Menschen berührt wird. Artefakte wie Häuser oder öffentliche Bauten sowieso. Normalerweise ist das für Ihr Unterfangen unkritisch, jedenfalls solange Sie Ihre Photostories im privaten Rahmen halten. Anders sieht es jedoch aus, wenn Sie ein Foto öffentlich ausstellen oder verkaufen wollen. Informieren Sie sich dann vorher über die genaue Rechtslage.

Kinderaufnahmen: Kinderfotos sind insofern problematisch, als dass die kleinen Motive partout nicht auf den Fotografen hören möchten und sich zudem auch noch schnell bewegen. Sie brauchen also ein entsprechend schnelles Reaktionsvermögen. Wenn der Autofokus überfordert ist, stellen Sie eine feste Entfernung (z. B. 1 Meter) ein und bewegen Sie sich mit den Kindern vor und zurück. Kameras mit kurzer Auslösezeit sind in jedem Fall im Vorteil. Und lassen Sie den Kindern Zeit, sich an die Kamera zu gewöhnen.

Haustiere: Zeigen Sie Ihre Tiere nicht „einfach nur so" – das wirkt schnell langweilig. Rücken Sie sie in eine Umgebung, in der sie ihr Verhalten zeigen: den Hund beim Gassigehen zum Beispiel, die Katze, während sie mit einem Wollknäuel spielt. Ansonsten gilt Ähnliches wie bei Kinderaufnahmen: Auch Tiere lassen sich durch Anweisungen von Fotografen wenig beeindrucken.

Spiegel und Spiegelungen: Achten Sie auf Metalloberflächen, Glasfassaden, Wasserflächen, Karosserien, Fensterscheiben – hier können Sie überall interessante Motive finden, bei denen die Wirklichkeit durch ihr Abbild wiederholt oder gebrochen wird.

Sie benötigen eine große Schärfentiefe, die sich vom Vordergrund bis zum entfernt gespiegelten Motiv erstreckt. Arbeiten Sie dazu am besten mit der kleinsten Blende.

Datensicherungen: Wenn Sie viel fotografieren, wächst Ihre Fotosammlung rasant an. Sie sollten Vorkehrungen gegen einen möglichen Datenverlust treffen. Machen Sie Sicherheitskopien von Ihren Fotos und Photostories und bewahren Sie sie separat von den Originalen auf. Hierfür empfehlen sich externe Festplatten, die mittlerweile Speicherkapazitäten im Terabyte-Bereich bieten und erschwinglich sind. Achten Sie darauf, alle Dateien wenigstens zweimal vorrätig zu haben: einmal als Arbeitsdatei auf der Computer-Festplatte und ein weiteres Mal zur Sicherheit auf der externen Festplatte. Eine Alternative dazu ist es, die Bilder bei externen Webdiensten wie z. B. MAGIX Online Album zu lagern oder Raid-Systeme zu verwenden, bei denen alle Daten automatisch auf anderen Festplatten gespiegelt werden. Die dazu nötigen Mehrfachlaufwerke sind mittlerweile im bezahlbaren Bereich.

magix.info: Wenn Sie Fragen – oder auch Antworten – zum Programm oder zur Digitalfotografie haben, sind Sie auf www.magix.info richtig. Dieser Service ist eine Internet-Plattform, um mit anderen Nutzern Wissen auszutauschen, eigene Fotos, Videos und Musik zu veröffentlichen, zu diskutieren und zu bewerten, miteinander zu kommunizieren und sich mit anderen Mitgliedern zu vernetzen. magix.info erreichen Sie über das Menü HILFE oder über die Webadresse www.magix.info

Qualitätsmaßstab: Und ganz zum Schluss möchten wir Ihnen noch dazu raten, sich über den Wert oder Unwert Ihrer Bemühungen nicht allzu sehr den Kopf zu zerbrechen. Natürlich ist fast alles schon einmal fotografiert worden. Ob Sie also als Pionier in die Geschichte der Fotografie eingehen werden, ist ungewiss. Das sollte Sie aber nicht weiter bekümmern. Ihr Ziel sollte in erster Linie sein, dass Ihre Fotos und Photostories Ihnen selber gefallen. Ziehen Sie im Zweifelsfall Ihre Freunde und Familie hinzu und hören sich an, was die dazu zu sagen haben. Zwar wird man oft von seinem Nächsten am heftigsten kritisiert, aber Sie müssen ja nicht alles übernehmen, was man Ihnen sagt. Im Zweifelsfall sollte Ihr Maßstab Ihr eigenes Vergnügen sein.

Stichwortverzeichnis

N

O

P

Q

R

S

W

Y

Z